무엇이
강자를
만드는가

무 엇 이

자 연 을   살 리 는   생 태 계 의   전 략 가 들

강 자 를
만 드 는 가

정회석 지음

KMAC

·

당신이 행복과
마주하기를 바랍니다

·

전략은 "어떤 목표에 도달하기 위한 최적의 방법"을 의미합니다. 그래서 전략이 뛰어나면 보다 쉽게 목표를 달성할 수 있습니다. 사람들이 성공과 행복을 위해 노력하듯 자연 생태계를 구성하는 뭇 생명체들도 생존과 번식이라는 구체적 목표를 가지고 의식적 또는 무의식적으로 다양한 전략을 구사합니다.

전략을 수립할 때 가장 중요한 것은 자신을 아는 것입니다. 근본은 부모가 물려준 DNA가 규정하나, 목표와 노력이 결합하면 변화할 수 있습니다. 다음으로 상대를 파악해야 합니다. 상대에는 적은 물론 아군도 포함됩니다. 자신과 상대를 모두 이해할 때 전략이 세워집니다. 그러나 이것만으로는 부족합니다. 경우에 따라서는 환경이 모든 것을 지배하기 때문입니다. 자신과 상대 그리고 환경을 분석하고, 이들이 자신에게 유리하게 유도하면 성공과 행복이라는 목표달성이 가능해집니다.

약육강식이라는 처절한 경쟁이 매일매일 벌어지는 야생의 생태계에서 살고 있는 수많은 동식물은 자신에게 적합한 전략을 개발하여 생존합니다. 전략이 있는 생명체만 환경변화를 극복하고, 생존을 위협하는 적들을 피하며, 자식을 낳아 후손을 유지합니다. 덩치를 키우거나 축소하는 전략, 잘 보이거나 안 보이게 만드는 전략, 그리고 싸우고 경쟁하거나 돕고 협력하는 전략들은 자신과 상대, 그리고 환경을 적절하게 이용하는 생존비법입니다. 그리고 이러한 전략은 인생설계, 기업경영 그리고 국가 운영 등 모든 분야에서 적용됩니다.

아무리 강해도 일단 죽으면 아무것도 할 수 없기 때문에, 살아남는다는 것은 모든 생명체의 가장 기본적인 욕망입니다. 또한 살아 있는 모든 생명체는 시간이 지나면 결국 죽기 때문에 자기 혼자 살아 있다고 문제가 해결되지는 않습니다. 대를 잇지 못하면 자신의 존재 역시 사라지므로, DNA를 남겨줄 후손을 만드는 것은 항상 숙제가 됩니다. 그래서 생존과 번식은 생태계를 유지하는 핵심 원리입니다.

우리가 자연을 찾아가서 위안을 얻고 힐링을 할 수 있는 것은 우리의 존재 자체가 자연 생태계의 일부이기 때문입니다. 생명체들이 나름대로 효율적인 전략을 개발하고 실천하면서 생존을 유지하듯이 우리 인류도 생존을 위해 전략을 개발했습니다.

누구에게나 생명과 생존은 거저 주어진 것이 아닙니다. 생명을 위협하는 천적은 도처에 깔려 있고, 언제 사고가 발생할지 모릅니다. 아무런 예고 없이 천재지변이 발생해서 심각한 피해를 줍니다. 살아남기 위해서는 천적을 물리칠 힘과 작전, 사고와 천재지변에 대처하기 위한 전략이 필요합니다. 자신에게 적합한 전략을 개발한 생명체는 생태적 지위를 강화할 수 있으나, 전략 개발에 실패한 생명체는 생태적 지위를 잃고 세력이 약해지다 결국은 멸종의 길로 가게 됩니다.

생태계의 생존경쟁에서 승패를 좌우하는 요인으로는 내부적인 여건과 외부적인 환경을 들 수 있습니다. 내부적 여건은 생명체들이 스스로 키워야 하는 강한 의지와 노력입니다. 힘이 있고, 생존에 대한 의지가 강한 생명체가 살아남을 가능성이 큽니다. 연약하게 태어나거나, 미리 포기하는 생명체는 끝까지 살아남기 어렵습니다.

그런데 자신의 의지만으로 이루어지지 않는 일도 많습니다. 생명체의 의지와는 아무런 관련이 없고, 생명체가 직접 선택할 수도 없는 외부환경이 경쟁의 결과에 치명적인 영향을 주는 경우도 있기 때문입니다. 또한 외부환경은 예측할 수 없는 속도와 방향으로 변하기도 합니다. 경쟁은 치열하게 벌어지고 있는데, 게임의 규칙이나 심판을 찾아보기 어렵습니다. 어떠한 방법을 사용하든 살아남고 대를 이을 수 있다면 성공인 것처럼 보입니다. 그래서 비록 우리 인간의 시각에서는 허용될 수 없는 이기적인 행동이라고 하더라도 생존과 번식에 유리하다고 하면 채택됩니다.

생명체들이 통제하지 못하는 외부요인으로는 거대한 화산 폭발이나 소행성 충돌, 그리고 이를 통해 발생하는 기후변화 등을 들 수 있습니다. 대부분의 생물종은 급격한 환경변화가 닥치면 이에 적응하지 못하고 종 자체의 멸망으로까지 이어집니다.

생태계 내부에서는 강자가 되기 위한 약자의 노력이 변화를 가져옵니다. 현재의 약자가 힘을 키우면서 다른 종의 먹이와 서식지를 빼앗기도 하고, 일부 외래종은 천적이 없는 새로운 터전에서 세력을 키우며 토착종들을 괴롭힙니다.

현재 지구상에는 1300만~1400만 종의 생물이 살고 있는 것으로 추정됩니다. 인류는 이 중 13% 정도인 약 230만 종 정도만 알고 있습니다. 우리가 알든 모르든 모든 생명체는 지구 생태계를 유지하는 소중한 존재입니다.

지구의 역사를 고려할 때 어떠한 모습으로 진화한 생태계가 가장 바람직한 것인가에 대한 해답을 찾기는 어렵습니다. 생명체의 의지와 외부환경의 상호작용이 버무려져서 만들어진 것이 생태계

이기 때문입니다. 그래서 우리는 자연의 변화와 이에 적응하기 위한 생명체들의 다양한 전략과 피나는 노력으로 만들어진 현재의 자연 생태계에서 삶의 지혜를 배울 수 있습니다.

인류의 조상인 호모 사피엔스는 자연 생태계가 지금과 비슷한 모습을 갖춘 20만~30만 년 전에 지구 생태계에 등장했습니다. 그리고 산업혁명 이후 개체수를 늘리고, 자연을 통제하고 관리하는 힘을 키우면서 생태계에 큰 변화를 일으키고 있습니다. 학자들은 사람들이 자연환경을 급격히 변화시키는 지금의 시기를 '인류세人類世, Anthropocene'라고 부르기도 합니다.

인류는 스스로를 만물의 영장이라고 자랑스럽게 여기지만, 한편으로 조그마한 천재지변에도 큰 피해를 당하는 연약한 존재입니다. 인류는 의식주를 자연에서 얻기 때문에 공기나 토양, 바다가 오염되면 바로 건강과 생명에 위협을 받습니다.

20만~30만 년 전에 등장한 연약한 존재였던 인류가 어떻게 힘을 키웠는지 생각해보면 우리 스스로 경쟁력을 키우는 방법을 터득할 수 있습니다. 또한 우리 인류가 만물의 영장이 되어서 과연 더 행복해졌는지를 생각하면 행복한 삶을 위해서 우리가 어떻게 살아야 하는지 깨달을 수 있습니다. 그리고 예지력이 약한 인류의 약점을 생각하면서 어떻게 미래에 대비할 것인가의 방법론도 터득할 수 있습니다.

우리 선조들은 자연 속에서 학문을 발전시키고 종교를 만들며 삶의 지혜를 깨달았습니다. 자연이 없으면 살아남을 수 없는 존재임을 깨닫고, 자연과 함께 공존하는 방법을 찾아왔습니다. 이러한 지혜는 지금도 유효합니다. 다른 생명체와 함께 자신의 생태적 영역을 확보한 동식물들은 다양한 공존의 방법을 이미 개발했고, 지금도 개발하고 있기 때문입니다.

이 책에서는 환경과 생태를 경영과 일상생활에 접목하여 전략으로 발전시키려고 노력했습니다. 그래서 자연 생태에 관한 책이면서 삶과 경영의 지혜에 관한 책이고, 각자의 힐링을 위한 책이 될 수 있습니다. 독자들께서 선택하시는 대로 동식물의 특이한 생태에 관한 부분을 읽으실 수 있고, 삶을 위한 전략에 중점을 두어 읽으실 수도 있습니다. 자연의 전략을 경영과 접목시키면 최고의 경영전략이 될 수 있습니다. 생태학 전문가가 아닌 저자가 이 책을 쓴 이유는 자연을 가까이하면 고통을 견디고 어려움을 극복하는 길을 찾을 수 있다는 것을 알게 됐기 때문입니다. '자연스럽다'는 최선의 찬사이며, 말과 글, 행동과 자세, 그림과 음악 같은 창작물 심지어는 패션에서도 자연스러우면 최고가 됩니다. 그래서 오늘도 산과 들에서 자연을 느끼시는 모든 분들이 자연의 전략을 새삼스럽게 생각해 보시길 기대합니다.

이 책이 나오기까지 많은 분들의 도움이 있었습니다. 거칠었던 글이 한 권의 책으로 나올 때까지 도움을 주신 모든 분께 감사의 마음을 전합니다. 사무관으로 사회 첫발을 내딛었던 저에게 무한한 가르침을 주셨던 당시 오종남, 장병완 과장님, 이기호 국장님, 환경을 공부할 기회를 주셨던 김귀곤 교수님, 런던대학의 D. Pearce 교수님과 OECD 환경국의 R. Visser 과장, R. Sigman님께 먼저 감사를 드립니다. OECD에서 권해상, 심덕섭, 강준석, 조봉환, 박선호, 정기준님과 함께 배우고 소통할 수 있었던 것도 저에게는 커다란 행운이었습니다. 실천을 강조하셨던 이만의 장관님, 오늘도 현장에서 야생화를 찾고 계실 박대문 선배님, 환경부와 국립생물자원관에서 함께 고민했던 선후배, 동료분들은 생태계의 소중함을 알려주신 귀한 분들입니다.

조악한 초고 상태임에도 원고를 꼼꼼히 읽고 조언을 해주었던 자원관의 이병윤 과장님을 비롯한 옛 동료들, 친구 김영석과 한국순환자원유통지원센터의 임직원께도 이 지면을 빌려 감사를 드립니다. 이 책의 발간을 흔쾌히 받아주신 한국능률협회컨설팅의 김종립 대표이사 부회장님, 정만국 미디어 센터장님과 김선정 시니어컨설턴트님, 원고정리를 도와준 한국순환자원유통센터의 김효진 주임의 노고도 잊을 수 없을 것입니다.

우리나라의 환경정책 선구자로 많은 정책의 기틀을 제공해주셨던 한국환경정책평가원의 정회성 전 원장님은 지금도 그립습니다. 묵묵히 일과 가정을 함께 챙기느라 항상 바쁜 노은주 교수님, 최선을 다해 자신의 길을 개척하고 있는 지영, 은영에게도 사랑의 마음을 담아 칭찬과 격려를 보냅니다. 마지막으로 아버님, 어머님, 장모님께 감사드리는 마음으로 이 책을 드립니다.

차례

1부

인류의 힘을 키워준 소통전략

2부

강자를 만드는 약자의 전략

3부

행복을 가져다주는 배려의 전략

4부

미래를 열어주는 준비전략

영원한 승자도 패자도 없는 생태계

자연을 지배한 작고 약한 유전자

인류의 경쟁력의 원천이 된 소통 능력

무엇이 강자를 만드는가?

인류의 힘을 키워준 소통전략

살아남는 것은

가장 강한자도, 가장 현명한 자도 아니며,

변화하는 자다.

- 찰스 다윈

1
영원한 승자도 패자도 없는
생태계

지구에는 1300만~1400만 종의 생물이 살고 있는 것으로 추정됩니다. 가뭄과 홍수, 태풍과 한파, 화산 폭발과 지진 같은 갖가지 천재지변이 생명체의 삶을 위협하고, 다양한 천적이 호시탐탐 먹잇감을 노리고 있지만 지구 생태계는 때로는 경쟁하고 때로는 협력하면서 자신의 삶을 훌륭하게 영위하는 생명체들로 인해 균형을 유지하고 있습니다.

먹이사슬로 이루어진 생태계는 각 생명체의 살아남기 위한 부단한 노력이 펼쳐지는 경연장과 같습니다. 그런 가운데 환경은 계속 변하고 적은 강해지니 살아남는 것 자체가 어렵기만 합니다. 생명을 유지하기 위해서 먹어야 하나 식량 확보가 쉽지 않고, 대를 잇는 짝짓기 상대를 만나는 것도 치열한 경쟁을 뚫어야만 가능합니다. 열심히 노력하지만 모든 것이 부족하기 때문에 쉽게 채워지지 않고, 상대를 이기기 위해 늘 새로운 전략을 필요로 합니다.

루이스 캐럴Lewis Carrol의 《이상한 나라의 엘리스》의 속편인 《거울나라의 엘리스》에서 붉은 여왕은 엘리스에게 이렇게 말합니다.

"잘 들어! 제자리에 머무르고 싶으면 죽어라 뛰어야 해!"

이윽고 엘리스는 붉은 여왕과 함께 달리기 시작합니다. 그러나 주변의 모든 것들이 같은 속도로 움직이고 있고, 아무리 뛰어도 주위 풍경은 바뀌지 않습니다.

붉은 여왕의 나라처럼 자연의 생태계는 모두가 쫓고 쫓기면서 죽을힘을 다해 뛰는 세계입니다. 열심히 뛰어도 앞으로 나아가지 못하는 것은 주변의 모든 것이 함께 뛰기 때문입니다. 최선을 다했지만 오히려 뒤처지는 상황도 발생합니다. 내 의지와 달리 주변의 환경이 크게 바뀌는 경우입니다. 환경이 급격히 바뀌면 그것에 적응하는 것이 쉽지 않습니다.

46억 년 전에 만들어진 지구는 오랜 시간에 걸쳐 다양한 사건들을 경험하면서 지금의 모습으로 변화했습니다. 첫 번째 획기적인 사건은 생명체의 등장입니다. 35억 년 전쯤에 시아노박테리아라는 단세포 생명체가 지구에 나타났습니다. 최초의 생명체가 어떻게 생겨났는가 하는 것은 아직 아무도 모르는 신비입니다.

두 번째 획기적인 사건은 시아노박테리아가 광합성을 하면서 지구 대기에 산소를 배출한 것입니다. 당시에는 산소의 독성을 견디지 못하는 혐기성 박테리아만 지구에 살고 있었기 때문에 대부분의 생명체가 멸종했습니다. 그렇지만 살아남은 일부 생명체는 산소를 이용하도록 진화합니다. 바로 원핵생물에서 진핵생물로, 보다 진화된 형질의 생명체가 나타난 것입니다. 이어서 식물(5억 년 전), 양서류(3억 년 전), 포유류(2억 년 전) 등이 나타나면서 지구 생태계는 더욱 다양해집니다. 그리고 새로 나타난 생물종은 각자의 생존전략을 개발하여 지구 환경에 성공적으로 적응합니다.

세 번째는 5억 년 전으로 추정되는, 성층권의 오존Ozone층 형성입니다. 태양에서 형성된 자외선은 지구 표면에 도달하면 살균과 소독 작용을 합니다. 문제는 그로 인해 지구 표면에는 생명체가 살 수 없다는 것입니다. 그런데 성층권에 오존층이 형성되면서 지구에 도달하는 자외선이 줄어들었고, 바다에서만 살던 생명체가 육지로 이동할 수 있는 환경이 조성됩니다. 생명체들도 단단한 피부를 만들어 몸에서 물이 빠져나가는 것을 막고, 뼈대나 갑옷을 만들어 부력 없이도 몸을 지탱할 수 있도록 진화했습니다. 공기 중의 산소를 이용하여 숨을 쉬는 호흡기관도 발달시킵니다. 상대적으로 변화가 쉬웠던 미생물부터 시작해서 식물, 동물 순으로 바닷속 생명체들이 육지로 이동했습니다.

　지구 생명체의 80~90%가 사라지는 대멸종의 시기가 발생하여 시련을 겪기도 했습니다. 학자들은 지구 역사상 최소 다섯 번의 대멸종이 있었다고 추정합니다. 최초의 대멸종은 고생대 오르도비스기인 4억4000만 년 전경입니다. 당시에는 무척추동물과 삼엽충 등이 번성했고, 최초의 육상생물이 출현했습니다. 그런데 화산 폭발로 인해 엄청난 양의 이산화황과 이산화탄소가 공기 중에 퍼져 나갔고, 지구의 기온이 급격히 떨어졌습니다. 급격하게 변한 기후에 적응하지 못한 생명체들이 대량으로 죽어나갔습니다. 또 3억 년 전인 고생대 데본기에도 생명체의 70%가 멸종했으며, 2억6000만 년 전인 페름기에도 당시 가장 번성했던 '유공충(껍데기가 있는 생물)'이 사라지는 대멸종의 시기가 있었습니다. 거대한 화산 폭발이라는 외부적인 환경변화가 당시 생태계 최강자들을 사라지게 만든 것입니다.

　2억5000만 년 전부터 6500만 년 전인 중생대는 공룡을 비롯한 파충류의 시대였습니다. 시조새와 곤충, 식물이 번성했고, 말기에는 포유류가 등장했습니다. 그런데 6600만 년 전 소행성의 충돌과 화산 폭발로 인해 지구의 기온이 급격히 떨어지는 빙하기가 찾아왔습니다. 추위에 적응하지 못한 공룡이 사라지고, 대신 포유류가 자신의 영역을 넓혀갔습니다. 소행성의 지구 충돌이라는 예측할 수 없는 사건이, 한때 지구 최강자였던 공룡을 사라지게 만든 것입니다.

파충류의 시대가 지나가고 포유류가 지구에서 생태적 지위를 키워나가는 가운데 20만~30만 년 전 현생인류의 조상인 호모 사피엔스가 출현합니다. 인류는 진화의 관점에서 보면 가장 늦게 나타난 생명체의 하나입니다. 호모 사피엔스도 진화를 거듭했으며, 1만 년 전부터는 안정된 식량 확보를 위해 농경을 시작했습니다. 이른바 '농업혁명'이 일어난 것입니다. 인류는 농업이라는 안정된 생산 기반을 바탕으로 도시를 건설하고 국가를 만들었습니다. 국가는 생활의 안정을 가져다주기도 했으나, 전쟁을 일으켜 대량살상을 불러오기도 했습니다. 그럼에도 인류는 꾸준히 환경에 적응해가면서 개체수를 늘려갔습니다.

18세기 중엽 유럽에서 기술혁신을 기반으로 사회, 경제구조의 대변혁을 가져온 산업혁명이 시작되었습니다. 증기기관의 발명이 계기가 된 1차 산업혁명으로 크게 변한 것은 에너지 이용기술이었습니다. 배와 같은 운송수단에 석탄 등 에너지 자원을 싣고 다니면서 동력을 생산했습니다. 그 뒤로도 인류는 전기의 발명이 계기가 된 2차 산업혁명, 정보통신과 인터넷으로 이어지는 3차 산업혁명으로 지구 생태계의 최강자가 되었습니다. 그리고 이제 4차 산업혁명을 눈앞에 두고 있습니다.

산업혁명을 성공적으로 추진한 인류는 그 과정에서 땅 위는 물론 땅속에 묻힌 엄청난 양의 천연자원을 채굴하여 사용했습니다. 문제는 이 과정에서 발생한 쓰레기를 제대로 처리하지 못하고 지구 곳곳에 버린 것입니다. 각종 폐기물이 공기 중에, 땅 위에, 바다에 방치되면서 지구 생명체들의 삶을 위협하고 있습니다. 지금 학자들은 인류세가 시작되며 나타난 생물의 대멸종을 우려하고 있습니다. 한때 지구 생태계를 호령했던 최상위 포식자들은 모두 멸종의 길을 걸었습니다. 인류는 다를 거라고 확신할 수 있을까요? 생태계에는 영원한 승자도 영원한 패자도 없습니다. 인류세로 표현되는 현재의 환경위기를 우려하는 이유이기도 합니다.

2
자연을 지배한
작고 약한 유전자

진화론에서는 아프리카 숲속에서 살던 영장류가 나무를 내려와 두 발로 직립을 하면서 인류의 역사가 시작되었다고 말합니다. '호모 사피엔스'라는 학명으로 불리는 인류는 생물분류학에서는 동물계界, 척색동물문門, 척추동물아문亞門, 포유강綱, 영장목目, 사람과科, 사람 속屬, 사람종種에 속합니다.

인류는 치타만큼 빠르지 않고, 곰처럼 강한 힘도 없습니다. 독수리처럼 하늘을 날거나 멀리 볼 수 없으며, 손톱과 발톱을 무기로 사용할 수도 없습니다. 또 위장이 약해 먹잇감이 한정적이고, 많은 자손을 낳지도 못합니다. 방울뱀처럼 적외선을 보는 능력도 없으며, 올빼미처럼 밤눈이 좋은 것도 아닙니다. 그러나 지구촌 곳곳에 70억의 개체가 살고 있으며, 육지와 하늘, 그리고 바다를 누비고 다닙니다.

아프리카의 울창한 숲을 중심으로 지구 무대에 처음 등장했던 호모 사피엔스는 느리고 힘이 없는 데다가 게으르기까지 한 생태계의 약자였습니다. 두 발로 걷게 된 초기 인류는 열매를 따 먹거나 조개나 달팽이 등을 채집해 허기를 해소했습니다. 다른 동물보다 오랫동안 달릴 수 있는 지구력을 이용하여 사냥하면서 단백질원을 찾기도 했지만, 대부분은 육식동물이 먹고 남긴 고기나 육식동물이 먹을 수 없는 동물의 골을 파먹으면서 보충했습니다.

그러나 초기 인류는 자신의 강점을 발전시키는 능력이 뛰어났습니다. 직립보행을 통해 자유로워진 손을 활용해 불과 도구를 사용하고, 언어와 소통기술을 발전시켜 생활공동체를 키웠습니다. 개체로서는 약했지만 효율적으로 움직이는 집단을 만들어 힘을 강화시킨 것입니다.

인류는 공동체의 규모가 커지면서 지속적으로 힘을 키웠고, 다시 인구수를 증가시킬 수 있었습니다. 그런데 인구 증가는 새로운 도전과제를 던져주었습니다. 인류가 더 이상 아프리카의 숲이라는 좁은 무대에서 생활하기가 어려워진 것입니다. 결국 인류는 아프리카를 떠나기로 결정합니다. 지금으로부터 6만 년 전의 일입니다.

아프리카를 떠난 인류는 서남아시아를 거쳐 유럽과 중국 대륙 등으로 진출한 후 무대를 더욱 넓혀 시베리아 툰드라를 거쳐 아메리카 대륙까지 다다랐습니다.

학자들은 농업혁명이 일어나기 전인 1만 년 전 지구에는 대략 100만 명의 인류가 살았을 것으로 추정합니다. 4대 문명이 발상했던 4000년 전에는, 당시 이집트 성인 남자 노예 70만 명을 기초로 약 4000만~5000만 명으로 늘어났을 것으로 추정합니다. 기원후 1세기에 약 3억 명으로 늘었지만, 그 후 1000년 동안은 거의 증가하지 않습니다. 잦은 전쟁과 전염병, 기근 등으로 사망률이 늘어나면서 기원후 1000년에는 3억1000만 명 수준으로 1000만 명밖에 늘지 않습니다. 이후 세계 인구는 1650년에 5억 명으로 증가한 후 1800년 10억 명, 1940년 20억 명으로 빠른 속도로 증가합니다. 1946년에는 최초로 전 세계 인구통계조사가 실시되었습니다. 당시 산출된 인구는 무려 24억 명에 이릅니다. 이후에도 세계 인구는 지속적으로 증가해, 1975년 40억 명, 1999년 60억 명을 거쳐 2011년에는 70억 명을 돌파합니다.

생태계에서 가장 약한 종의 하나였던 인류가 이제는 엄청난 개체수 증가를 통해 지구를 지배하는 '만물의 영장'이 되었습니다. 이렇게 인류가 지구 생태계에서 가장 강력한 위치를 차지하고, 개체수를 늘리며 활동영역을 확대할 수 있었던 것은 인류가 다른 동물과 구별되는 조그만 차이를 이용했기 때문입니다.

첫 번째로, 인류는 직립보행을 하면서 자유롭게 된 손을 효과적으로 사용한 것입니다. 사람의 손에는 강한 엄지손가락과 반대 방향에서 힘을 가할 수 있는 네 개의 손가락을 포함해 다섯 개의 손가락이 있습니다. 서로 다른 방향으로 힘을 가할 수 있는 손가락이 있으므로 손으로 어떤 물건이든 움켜쥘 수 있습니다. 과일을 따고 껍질을 까거나 씨를 뺄 수 있게 되었습니다. 또 두 발로 이동하면서 손으로는 물건을 들고 다니게 되자 다른 동물들처럼 물건을 입에 물고 이동하는 일도 없어졌습니다.

손과 팔로 할 수 있는 일은 지속적으로 늘어났습니다. 불을 피울 수 있게 되면서 생명을 위협하는 다른 동물로부터 안전을 확보할 수 있었고, 음식을 익힐 수 있게 되면서 먹을 수 있는 식량자원도 늘어났습니다. 또한 다양한 도구를 만들어 더욱 강력한 힘을 갖게 되었습니다. 도구를 사용하는 일이 많아지자 손바닥과 손가락에 신경이 집중되었고, 섬세한 근육이 발달하기 시작했습니다. 그러면서 더 복잡한 도구를 만들고 사용할 수 있게 되었습니다.

그러나 손을 해방시킨 직립보행은 엄청난 댓가를 요구했습니다. 두 발로 체중을 지탱하게 되어 허리와 목에 통증이 생겼습니다. 또 두 발로만 걷고 뛰니까 속도가 느려 포식자의 공격을 피하거나 다른 동물을 사냥하는 것도 어려워졌습니다. 여성에게 생긴 문제는 더욱 심각했습니다. 직립보행을 하게 되면서 엉덩이가 작아지고, 아이를 낳는 산도(질)가 좁아진 것입니다. 이렇게 좁아진 산도를 통해 태아를 낳는 것 자체가 매우 위험하게 되었습니다. 게다가 불과 도구를 사용하면서 인류의 뇌 용량이 점점 증가해 머리(두개골)를 크게 만들어야 했던 시기에 산도가 좁아진 것입니다. 그래서 인류는 뇌와 머리가 상대적으로 작고 유연한 시기, 즉 덜 성숙한 생태로 출산하도록 진화하기 시작했습니다.

생태계의 많은 초식동물들은 태어나고 몇 분이 지나면 혼자서 걷고, 급하면 달리기도 합니다. 또 고양이는 생후 몇 달이 지나면 어미의 품을 떠나 스스로 사냥을 하기도 합니다. 하지만 생명을 유지하기 위한 시스템을 갖추지도 못한 채 태어난 인간의 아이는 무력하기만 합니다. 그래서 생후 10년 이상 가족이나 이웃의 보살핌을 받고 나서야 스스로 살아갈 능력을 갖출 수 있습니다. 물론 무리를 이루고 사는 영장류나 코끼리, 고래 등의 동물도 미숙한 상태에서 태어나지만 인간 아이에 비하면 훨씬 성숙한 상태로 태어납니다.

두 번째, 커진 뇌를 활용하여 생각하고 창조하는 능력을 키운 것입니다. 소통을 하면서 새로운 도구를 만들고, 다양한 용도로 활용했습니다. 그러나 뇌를 이용하기 위한 에너지를 확보하는 것이 새로운 숙제가 되었습니다. 인간의 뇌는 몸무게의 2~3%에 불과하지만, 신체가 휴식을 취하는 상태에서도 전체 에너지의 25%를 사용합니다. 다른 유인원의 경우 8%만을 사용합니다. 따라서 더 많은 에너지를 만들기 위해 더 많은 식량을 먹어야 했습니다. 또한 뇌에 에너지를 집중하자 근육이 퇴화되었습니다. 육체적 힘으로는 다른 동물과 경쟁하지 못하게 되었습니다.

세 번째, 미성숙한 아이를 안전하게 키우기 위해 집단양육을 선택하면서 소통 능력을 키운 것입니다. 성숙하지 않은 자식을 어미가 혼자서 키우는 것은 본인은 물론 아이에게도 위험한 일이 되었기 때문에, 집단생활을 하면서 여럿이 서로 도우며 아이를 기르는 교육과 양육 부담을 나누는 체계를 만든 것입니다. 그런데 이러한 집단생활은 다른 사람의 이해와 협조 없이는 유지될 수 없었고, 효과적인 의사소통이 필요했습니다. 집단 구성원들이 소통을 통해 서로의 생각과 감정을 이해하고, 서로 교감을 가지고 협력해야만 집단생활이 가능했기 때문입니다.

생태계의 동물과 식물도 소통을 합니다. 동물은 소리와 몸짓으로 자신의 의사를 전달합니다. 벌이나 개미 같은 사회적 곤충들은 페로몬이라는 특수한 화학물질을 사용해 다소 복잡한 의사소통도 나눌 수 있습니다. 유인원과 원숭이들은 목소리를 이용해 소통합니다. 식물들도 곤충이 다가와서 이파리를 갉아 먹을 때 특유의 화학물질을 배출해 주위의 다른 식물이나 곤충과 소통합니다. 그러나 그들이 공유하는 정보의 양은 매우 제한적이고 오랜 기간 저장해둘 수 없습니다.

그런데 인간의 소통 능력은 다른 동식물과는 전혀 다른 특성을 가지고 있습니다. 사람들은 한정된 소리와 기호를 이용해 서로 다른 의미를 지닌 문장들을 만들어낼 수 있습니다. 이를 통해 막대한 양의 정보를 가공하고 수용하고 저장하고 교환하고 소통합니다. 또 인간은 자신의 현재 상황과 관계없는 것에 대해서도 소통할 수 있습니다. 사소한 농담과 수다를 떨거나, 상상력을 동원하여 이런 저런 이야기를 서로 나누면서 사람들 사이에서 관계를 만들어갑니다. 신화나 전설을 공유함으로써 문화를 만들고, 공동체가 통일된 방향을 향해 협력하도록 유도합니다. 자신과 관련이 없는 정보에도 흥분하거나 슬퍼하고 감격하는 것은 소통의 효율성을 높여 집단생활을 원활히 유지해왔던 인류가 만들어낸 사회적 과정의 특징입니다.

자연 상태의 침팬지 무리는 20~50마리 정도가 모여 생활합니다. 만약 개체수가 늘어나면 사회적 질서가 불안정해져 구성원 간의 불화가 심해지고 결국 일부 침팬지들이 뛰쳐나가 새로운 집단을 형성합니다. 새로운 무리는 다른 무리들과 협력하지 않고, 영토와 먹거리를 두고 경쟁하게 됩니다. 그래서 수천 마리의 원숭이를 잠실 종합운동장이나 시청 앞 광장에 풀어놓으면 말 그대로 아수라

장이 됩니다. 그러나 우리는 월드컵 경기 때 시청 앞 광장에서 수십만 명이 모여 질서 있게 응원하는 것을 보았고, 거의 매일 야구 경기에 수만 명이 모이지만 질서가 무너지지 않습니다.

이렇듯 인류는 진화의 과정에서 생존에 위협을 줄 수 있는 조건을 오히려 자신들만의 강점으로 만드는 놀라운 역사를 만들었습니다. 이것이 바로 다른 생물들보다 강하지도 튼튼하지도 번식력이 좋지도 않은 인류가 지구에서 가장 강력한 힘을 가진 동물이 될 수 있었던 가장 중요한 이유일 것입니다.

3
인류의 경쟁력의
원천이 된 소통 능력

초기 인류는 덩치에 비해 육체적인 능력이 강하지 않았습니다. 늘 배고픔과 죽음의 위험에 직면했고, 살아남기 위해서는 육체적 힘 외에도 다른 능력을 갖춰야 했습니다. 그렇게 해서 인류는 직립보행, 손을 사용한 도구 개발, 소통 능력이라는 무기를 갖게 되었습니다.

특히 집단은 효과적인 소통을 통해 힘을 발휘하게 됩니다. 다른 종과 같은 단순한 소리나 화학물질로는 효과적인 소통을 할 수 없습니다. 정교하고 다양한 소통수단이 없다면 공동체가 위기에 빠질 수도 있습니다.

인간이 집단을 이루고 농사를 짓게 되면서 미래에 대한 대비도 중요한 과제가 되었습니다. 농업은 기후와 토양을 활용해 씨를 뿌리고 수확을 하는 경제활동입니다. 계절은 끊임없이 변화하고 홍수와 가뭄은 예고 없이 찾아옵니다. 이러한 자연의 변화를 사전에 준비하고 대비하지 않으면 제대로 농사를 지을 수 없습니다. 하지만 인류에게는 동물들처럼 자연의 변화를 감지하는 예측력은 없습니다. 따라서 미래에 대비하기 위해서도 앞서 경험한 지식을 전달하고 이를 공유하는 소통 능력이 필요했습니다.

문자, 지식을 대중화하다

인간은 언어를 통해 정보를 표준화하고, 이를 문자로 기록해 오랫동안 기억하고 공유합니다. 언어와 문자는 다른 동물들과 달리 인간만이 가진 가장 독특한 특징입니다. 특정한 정보가 문자를 통해 기록되면 개인이 죽더라도 집단의 기억에 저장됩니다. 그것은 다음 세대, 또 그다음 세대로 전달되고, 시간이 흐를수록 기존의 정보에 더 많은 정보가 축적됩니다. 이렇게 보강된 정보는 상황에 따라 필요한 용도로 다양하게 활용할 수 있습니다.

문자의 개발과 함께 종이가 사용되면서 정보를 저장·보관하고 전달할 수 있는 능력이 비약적으로 확대됩니다. 여기에 더해 인쇄술이 발명되자 정보를 이용할 수 있는 계층이 일반 대중에게까지 확산되었습니다. 구텐베르크J. Gutenberg의 금속활자 발명은 정보의 기록 및 파급력을 획기적으로 확대했다는 점에서 인류 경쟁력의 근간을 만드는 기념비적인 혁신이 되었습니다. 구텐베르크의 금속 활자가 나오기 전에는 대부분의 책이 필사로 제작되었습니다. 성 서의 경우 보통 두 달에 한 권이 생산되는 수준이었습니다. 그런데 구텐베르크의 인쇄기가 나오면서 1주일에 500권의 책을 생산할 수 있게 되었습니다.

책을 인쇄하게 되면서, 기록된 정보에 접근할 수 있는 사람의 숫 자가 놀랍도록 증가했습니다. "정보는 권력의 증거이며 확장자"라 는 말이 있듯이, 정보 자체가 힘이요 권력이 되는 것인데, 이 권력 의 일부를 일반 대중도 누릴 수 있게 된 것입니다. 1450년 구텐베 르크의 《42행 성서》가 출판된 이후 1500년까지 50년 동안 2000만 권의 책이 출판되었습니다. 필사본으로 책을 만들던 시대에는 상 상할 수도 없는 일이었습니다.

구텐베르크가 인쇄술을 발명했을 때 많은 사회 지도자들은 "책 이 너무 많아지면 사람들이 학문으로부터 멀어져간다"고 주장하면 서 인쇄기술의 사용을 강하게 반대했습니다. 그러나 이러한 반대 에도 불구하고 인쇄된 책자의 보급은 물론 인쇄기술 역시 지속적 으로 발전합니다.

성서에서부터 출발한 지식의 대중화는 이후 철학, 과학, 문학 등 다양한 분야로 확대되면서 인류 역사에 커다란 변화를 가져오게 되었습니다. 특히 중세의 공고한 신분제 사회를 무너뜨리고 산업 혁명을 가져오는 원동력이 됩니다.

짝짓기가
소통의 수단으로
:

단세포 세균을 제외한 대부분의 현존 생명체는 짝짓기라는 번거로운 절차를 거쳐야 하는 유성생식을 채택했습니다. 유성생식은 짝짓기 과정에서 두 개체의 유전자가 섞이게 되므로 다양한 형질의 후손을 만들 수 있습니다. 단순 세포분열과 다른 점입니다. 그런데 짝짓기는 쉽지 않은 과정이고, 생명체들은 건강한 후손을 만들기 위해 다양한 장치를 마련했습니다.

거미와 사마귀는 짝짓기를 한 후 암컷이 수컷을 잡아먹어 후손을 키우기 위한 영양분으로 활용합니다. 일부 곤충은 살아 있는 다른 곤충의 몸에 알을 낳고, 알에서 깨어난 애벌레가 성충이 될 때까지 그 곤충을 산 채로 먹을 수 있도록 관리합니다. 연어는 알을 낳은 후 죽어서, 새로 알을 깨고 나온 새끼의 먹이가 됩니다. 많은 포유류의 어미도 적으로부터 새끼를 보호하기 위해 자신의 목숨을 희생합니다.

인간도 아이가 태어나면 목숨을 바쳐 보호하고 양육합니다. 그러나 인간은 짝짓기에 관한 한 다른 동물들과 상당한 차이가 있습니다. 첫째, 인간은 섹스를 번식수단으로만 생각하지 않습니다. 번식이 목적이라면 남녀가 3년에 한 번씩만 제대로 하면 될 것입니다. 그러나 짝이 있고 조건이 허용되는 한, 인간은 반복적으로 짝짓기를 하려고 합니다. 짝짓기 철이 따로 없다는 신체조건도 동물들과 다른 점입니다. 아무 때나 짝짓기를 할 수 있기 때문에 번식이 아닌 '쾌락'과 '만족'을 위해서도 섹스를 하려고 합니다.

진화 과정에서 이러한 짝짓기 행태가 정착된 것은 인간의 아이가 오랫동안 무력한 상태로 지내야 한다는 것과 관련되어 있습니다. 여성 입장에서는 자신과 연약한 아이를 돌봐줄 헌신적인 남성이 필요해졌고, 이를 위해 지속적으로 짝짓기를 하면서 함께 살았던 것입니다.

쾌락을 위해 섹스를 하다 보니 다시 임신과 이에 따른 출산 및 육아가 걸림돌이 됩니다. 그래서 혹자는 인류의 역사는 "임신이 배제된 섹스를 찾아 헤매는 기록"이라고 말합니다. 짝짓기에서 임신을 배제하려는 노력은 오래된 것으로 보입니다. 가장 오래된 기록은 기원전 4000년경 이집트인들의 "석류씨로 피임약을 만들었다"는 것입니다. 석류씨에 들어 있는 여성 호르몬 에스트로겐Estrogen

이 배란을 억제하므로 어느 정도 피임 효과가 있었을 것입니다.

기원전 1850년의 이집트 기록을 보면 "꿀과 탄산소다, 악어 똥, 파피루스 등을 잘 빚어 좌약을 만들고, 이를 여성의 자궁 입구와 질 내에 삽입하면 임신을 막을 수 있다"고 나옵니다. '이렇게까지 하면서 섹스를 해야 하나.' 하는 생각이 들 정도로 상상을 초월한 피임법입니다. 이러한 화학적 피임법 외에 물리적 피임법도 지속적으로 개발됩니다. 초기의 콘돔은 양의 내장부터 동물 가죽, 거북 등껍질, 붕어의 부레 등 다양한 소재가 사용되었습니다. 그러나 임신으로부터 100% 안전한 섹스는 없었습니다.

〈포춘〉지 인터넷판과 AFP 통신은 '20세기 최고의 발명품' 1위로 원자폭탄과 우주 왕복선이 아닌 피임약을 선정한 바 있습니다. 당시 피임약을 20세기 최고의 발명품으로 추천한 옥스퍼드대학교 콜린 블랙모어Colin Blackmore 교수는 "먹는 피임약은 전통적인 가족 구조를 해체하고, 여성의 지위를 향상시키는 데 큰 기여를 했다"고 말하면서, 피임약이 인류 역사에 커다란 전환점이 되었음을 강조했습니다.

둘째, 인간은 성적 능력이 한계에 달한 이후에도 섹스를 하려고 합니다. 대부분의 동물은 짝짓기를 한 후에 바로 죽거나, 성적 능력이 퇴화하면 무리를 떠나 혼자 쓸쓸히 죽어갑니다. 일부 영장류, 코끼리 및 고래들은 생식 능력이 사라진 후에도 살아남는 암컷이 있으나, 이런 경우에는 무리의 안전을 확보하기 위한 헌신적인 지원 역할을 합니다.

그런데 인간은 생식 능력이 약화된 이후에도 생존할 뿐 아니라 인위적으로 섹스 능력을 키우기 위해 노력합니다. 성생활로 건강을 지킨다는 방중술이 종교적 수행법으로 이용되기도 하며, 올바른 음양 교접을 통해 기를 원활하게 유통시키면 불로장수할 수 있다고 생각하는 사람도 있습니다. 섹스 능력을 증가시키기 위해 물개와 뱀, 코뿔소 등 수많은 야생동물을 잡아먹기도 하고, 이로 인해 일부 종들은 멸종위기에 처하기도 합니다.

셋째, 인간은 쾌락을 위한 섹스를 즐기면서, 섹스를 금기시하기도 합니다. 성행위는 직접 하는 것은 물론이고 이를 언급하는 것 자체도 대부분 '공공의 분노'를 유발합니다. 남들에게 성행위 장면을 들키거나 공공연하게 드러내면 미풍양속을 해친다고 여겨지며 사회적으로 공격을 받습니다. 경우에 따라서는 '내가 하면 로맨스, 남이 하면 불륜'이라는 이율배반적인 평가도 받습니다. 한순간의 잘못된 성적 행위나 언동 때문에 평생을 통해 쌓은 명예가 거품처럼 사라지기도 합니다.

하지만 일부일처제를 법률 또는 사회관행으로 정착시키면서도 다른 짝짓기 상대를 찾습니다. 본능보다는 사회적 규율을 통해 짝짓기 상대의 숫자를 정합니다. 어떤 문화권에서는 일부일처가 제도화된 반면 어떤 문화권에서는 일부다처 또는 다부일처를 허용합니다. 인간의 성에 대한 관념은 모순덩어리 그 자체입니다.

넷째, 일부에서는 결혼 상대의 선택을 사회적·개인적인 목적을 달성하는 수단의 하나로 활용합니다. 과거나 지금이나 정치적인 목적으로 결혼을 하는 사례는 많습니다. 역사적으로 봐도 결혼 상대가 어떤 때는 인질이 되고, 어떤 때는 감시자가 됩니다. 소위 정략결혼이 그러한 예입니다. 지금도 결혼할 때 개인이 아닌 집안의 배경을 보고 상대를 선택하는 경우가 있습니다. 집단의 우두머리 또는 우두머리 가족의 결혼을 무리 또는 집단이 서로 관계를 맺는 행위로 인식하는 동물종은 인간밖에 없습니다.

인간에게 결혼과 짝짓기는 자신의 DNA를 가진 후손을 만드는 작업에 그치지 않습니다. 육체적 욕구와 심리적 만족감, 성취욕과 시기심, 개인과 집단에 관한 과시욕 등이 결합된 복잡한 것이면서도, 이성간 또는 집단간 소통을 위한 수단이기도 합니다.

소통을 위해
배부르지 않은 음식을 즐기다

⋮

식물은 광합성을 통해 에너지를 얻고 몸집을 키울 수 있습니다.

그러나 대부분의 동물은 광합성을 할 수 없기 때문에 식물이나 다른 동물을 먹어야만 에너지를 얻을 수 있습니다. 광합성을 하는 푸른갯민숭달팽이와 같은 동물이 있지만 극히 예외입니다. 동물 중에는 먹는 것이 한 가지로 정해진 동물도 있고, 여러 가지를 먹을 수 있는 동물도 있습니다. 먹을 것을 어떻게 확보하느냐가 생존의 기본조건이 되는 생물계에서 이것은 매우 중요한 능력의 하나입니다.

그래서 다양한 먹거리를 먹거나, 먹이를 쉽게 구할 수 있는 잡식동물이 생존에 유리합니다. 잡식동물로는 인간과 함께 개미, 돼지, 쥐 같은 포유류와 바퀴벌레 같은 곤충류가 있습니다. 이들은 거의 모든 종류의 먹이, 심지어는 찌꺼기조차 맛있게 먹고 소화시킬 수 있습니다. 또 언제라도 먹이의 종류를 바꿀 수 있습니다.

인류는 잡식동물이면서 영양 성분이 별로 없고, 배도 부르지 않은 음식을 찾기 위해 많은 시간과 노력, 비용을 투자하고 있다는 점에서 매우 특이합니다. 대표적인 음식으로는 커피와 차, 그리고 술과 담배를 들 수 있습니다. 대부분 대화와 소통을 하는 데 부차적으로 활용되는 도구라고 할 수 있습니다. 그래서 영양 성분이나 포만감 등의 직접적인 효용보다는 다른 가치를 찾습니다. 맛에 있어 까다로운 조건을 부여하고, 조금의 맛 차이를 내기 위해 엄청난 비용을 들입니다.

아프리카에서 처음 마시기 시작한 커피는 17세기 무렵 이슬람 국가를 통해 유럽으로 전해졌습니다. 유럽으로 들어간 커피는 처음에는 밤새워 명상하는 종교 수행자들이 찾았습니다. 잠이 오지 않는 각성효과와 배고픔을 잊게 해주는 특성은 물론, 마신 뒤의 속쓰림 등이 고행을 실천하는 수도자들에게 맞았기 때문입니다. 그러나 차츰 문인이나 예술가 같은 사회지도층이 창작활동에 필요한 각성효과를 위해서 찾았고, 일부는 사교와 대화 과정에서 취하지 않고 마실 수 있는 음료라는 점에서 선택했습니다.

프랑스의 정치가이자 외교관으로 나폴레옹을 정계에 입문시켰던 샤를모리스 드 탈레랑Charles-Maurice de Talleyrand-Périgord은 '커피 예찬'이라는 글을 썼습니다.

커피의 본능은 유혹

진한 향기는 와인보다 달콤하고

부드러운 맛은 키스보다 황홀하다

지옥처럼 뜨거우며

천사처럼 순수하고

사랑처럼 달콤하다

당시 유럽의 지도층에게 커피는 일상의 권태를 물리치고 삶의 기쁨과 환희를 가져다주는 선물이었습니다. "키스보다 황홀하고 와인보다 달콤하다"는 표현은 포도주나 맥주 등 알코올 음료를 주로 마시던 당시의 사회상을 생각할 때, 사회지도층이 무알코올 음료인 커피에 얼마나 열광했는지 짐작할 수 있게 합니다.

커피는 빠른 속도로 유럽은 물론 세계 방방곡곡에서 일반 시민들의 기호식품으로 자리매김합니다. 커피를 전문으로 판매하는 커피숍이 생겨나고, 맛을 음미하기 위한 커피가 확산되었습니다. 오늘날 도시에서는 점심식사 후에 종이컵에 담긴 커피를 마시면서 산책을 하는 직장인을 쉽게 볼 수 있습니다. 커피 시장의 규모도 커져 2013년 기준으로 세계시장 규모가 약 2000조 원대가 되었습니다. 2017년 우리나라 1년 예산 400조 원의 5배나 되는 크기입니다.

술은 알코올이 함유되어 있어 마시면 취하게 되는 음료입니다. 수렵 시대에는 과실주를 마셨으나, 농경이 시작된 이후에는 곡주도 만들어 먹었습니다. 과실주는 당분이 많은 과일로 빚었는데 특히 포도가 술 담그기에 좋았던 것으로 보입니다. 이집트에는 5000년 전에 맥주를 제조하던 유적지가 있습니다. 고대에는 술이 종교와 많이 결부되어 있었습니다. 술을 빚어 신에게 바치는 것이 종교의식의 중심이 된 것입니다. 그러한 전통으로 가톨릭 교회에서는 포도주를 예수님의 피의 상징으로 여기고 미사에 사용했습니다. 원시인들은 발효를 증식의 상징으로 받아들여 풍요와 연결시켰고, 여성들의 생식작용을 의미한다고 생각해서 결혼식 때 신랑·신부가 한 잔의 술을 나누어 마시기도 했습니다.

고대 중국은 물론 우리나라의 고문헌에서도 제사를 지내거나 사람을 초대해서 술을 취하게 마셨다는 기록이 있습니다. 신과의 관계는 물론 사람과의 관계를 만들어갈 때 술을 사용했다는 의미입니다. 술을 빚는 데 많은 비용이 들었기 때문에 상류층이 마시는 술과 서민이 마시는 술이 달랐습니다. 신분에 따라 마시는 술이 달라지면서 상대방을 존중하고 배려한다는 의미에서 고급주를 대접했고, 이를 위해 많은 재화와 노력을 투입했습니다. 술을 만드는 데드는 곡식이 많아지면서 일부 국가에서는 금주령을 내리기도 했습니다.

사교의 목적으로 마신 술이 사교를 망치는 경우도 간혹 있습니다. 술에 취해 폭언이나 폭행을 하는 사람, 술을 마시고 운전을 하는 사람 등 술로 이성이 마비되어 참담한 결말을 맞이하는 것입니다. 사교와 소통을 원활히 함으로써 조직이나 단체의 힘을 키울 수 있게 했던 술이 자신과 조직의 모든 것을 잃게 하는 결과를 가져오기도 합니다. 이처럼 술은 인간사회가 가지고 있는 잠재적인 모순을 잘 보여주고 있습니다.

．
．
．

자연을 구성하는 동식물의 세계는 대부분 '하루 벌어 하루 먹는' 세계입니다. 오늘 배부르고 등 따시고, 오늘 짝짓기에 성공하면 됩니다. 춥고 배고픈 겨울을 대비하고 싶어도 미리 많이 먹어 몸속에 지방을 축적하는 것 외에는 달리 방법이 없습니다. 다람쥐 등은 가을철에 열매를 저장하기도 하나, 저장 장소를 쉽게 잊어버립니다. 대부분의 동식물은 내일을 걱정하거나 내일을 준비하면서 살지 않습니다.

인류도 지구 무대에 등장했던 초기에는 내일을 걱정하지 않았습니다. 수렵이나 채집을 통해 하루하루를 연명했기 때문에 자연이 주는 대로 살 수밖에 없었습니다. 내일과 미래에 대해 걱정을 하더라도 오늘 할 수 있는 일이 아무것도 없었고, 여분의 먹을거리가 생겼다 하더라도 이를 보관하거나 저장할 수 없었습니다. 자기 힘으로 어쩌지 못하는 일은 걱정해야 의미가 없습니다. 그래서 오늘 배부를 만큼 일하고, 나머지 시간은 쉬거나 놀면서 보낸 것입니다.

그런데 농업혁명을 통해 '농부'라는 직업이 생겼습니다. 농부는 열심히 일하면 약간의 잉여 농산물을 만들 수 있고, 그것을 보관하면 적어도 내일 무엇을 먹을까 걱정하지 않아도 된다는 것을 알게 되었습니다. 미래를 위한 저축의 개념이 생긴 것입니다. 농부들은 열심히 일하고 남은 먹거리를 저축해 내일에 대비했습니다. 농부들이 꿈꾸던 자유롭고 풍요로운 미래가 다가오는 것 같았습니다. 적어도 초기에는 그랬습니다.

농업혁명을 성공적으로 수행하고, 미래를 위한 먹거리 저축이 가능해지자 인류에게는 새로운 도전이 다가왔습니다. 첫째, 한곳에 정착해 살면서 생활이 안정되어 자식을 많이 낳게 되었고, 생존율도 높아졌습니다. 곡식이 추가로 생산되었지만, 그것은 자식들에게 돌아갔습니다. 물론 늘어난 자식들은 건강하게 자라기만 하면 추가적인 노동력이 되어 생산성을 늘리는 데 도움이 되었지만, 그때까지 자식을 부양하는 것은 쉽지 않았습니다.

둘째, 마을을 만들어 함께 살고 가축을 기르면서, 전염병이 쉽게 확산되고 동물의 질병이 사람에게 옮기도 했습니다. 질병에 대한 지식이 없었기 때문에 전염병이 찾아오면 많은 사람이 속수무책으로 죽거나 오랫동안 일을 하지 못하게 되었습니다. 전쟁이나 물물교환에 따른 인구이동이 많아지면서 한곳에서 발생한 질병이 다른 곳으로 옮아가기도 했습니다.

셋째, 쌀이나 밀 같은 한두 개의 작물을 집중적으로 재배하면서 가뭄이나 병충해에 취약한 생산구조가 고착화되었습니다. 먹는 것도 단순화되면서 병충해가 발생하면 쉽게 굶주리게 되고, 홍수와 가뭄 등 자연재해가 발생하면 공동체 전체가 심각한 위험에 처하기도 했습니다.

넷째, 풍년이 들면서 넘쳐난 창고가 도둑과 주변 공동체 사람들에게 강한 유혹의 대상이 되었습니다. 도둑을 막기 위해 공동체의 규모를 키우고, 인근 공동체의 공격에 대비해 지도자를 세워 대비책을 마련해야 했습니다.

농업은 계절을 기반으로 수확물을 채취하는 생산방법입니다. 기후를 예측하고, 그에 맞게 파종 시기를 결정해야 합니다. 아무리 배가 고프더라도 다음 해의 먹을 것을 만들기 위해 좋은 씨앗은 남겨두어야 했습니다. 기후는 안정적이지 않았고, 인류가 이를 예측하는 것은 쉽지 않았습니다. 나쁜 시절이 오지 않을 것이라는 전제하에서는 살 수 없었습니다.

사람의 마음속에 미래라는 개념이 도입되면서 궁핍한 시기에 대비하는 일이 시작됩니다. 오늘 저녁 먹고 싶은 고기를 다가올 겨울이나 내년에 먹기 위해 말리거나 훈제로 만들어 비축해두었고, 자식과 손자들이 먹을 수 있도록 과실나무를 심고 가꾸었습니다. 또한 가뭄과 홍수에 대비해 관개용 수로를 만들었습니다. 세월이 흐르면서 과실나무는 풍성한 열매를 가져다주었고, 관개수로는 더많은 밭을 일구어 씨앗을 뿌릴 수 있게 해주었습니다.

걱정거리를 해소하기 위한 여러 조치들은 수확량의 증가로 이어졌습니다. 그렇게 비축이 늘어나게 되면서 또 다른 걱정거리가 생겼습니다. 도둑이나 다른 사람에게 자신들의 식량을 빼앗길 가능성이 더욱 커진 것입니다. 농부들은 힘이 세거나 머리가 좋은 사람에게 창고 지키는 일을 맡겼습니다. 그런데 이들은 농민의 의도와는 달리 소위 '지배자'로 돌변했습니다. 농민들이 생산한 잉여식량으로 먹고살면서, 농민에게는 겨우 연명할 것만 남겨두고 나머지는 모두 자신들이 차지했습니다. 빼앗은 식량으로 궁궐을 짓고 전쟁을 일으키고, 자신만을 위한 예술과 철학에 자원을 투입했습니다.

부지런한 농부들이 그렇게 원하던 '경제적으로 안정된 미래'는 슬프게도 오지 않았습니다. 그리고 그들의 고단한 생활은 역사에도 기록되지 않았습니다. 역사마저도 왕, 귀족, 정부관료, 종교지도자, 예술가 등 엘리트의 이야기를 기록하면서, 농업혁명을 완성하고 땅을 일구며 풍부한 먹거리를 만들었던 이들의 구슬땀은 철저히 외면한 것입니다.

그보다 심한 경우도 많았습니다. 평화롭게 땀 흘리면서 가족을 지켜가던 사람들에게 갑자기 군인들이 들이닥치더니 평생 모은 재산을 빼앗아가는 것도 모자라, 끌고 가서 노예로 만들어버린 것입니다. 노예들은 성을 쌓고 극장을 만드는 등 엄청나게 힘든 강제노

역에 시달리게 되었습니다.

　지금도 인류는 배신당하는 것을 가장 혐오하고 싫어합니다. 지도층에 대한 가십과 비난은 언론의 단골 소재입니다. 농경이 도입된 후 창고를 지켜달라고 고용했던 지도자에게 당한 배신의 기억이 우리의 DNA에 아직 남아 있는 것 때문이 아닌지 생각해봅니다.

4
무엇이
강자를 만드는가?

생태계의 기본원리는 약육강식과 적자생존이라고 하지만, 자연에서 강자는 힘이 강한 자가 아닌 경우가 많습니다. 경쟁에서의 승패는 힘의 세기나 속도보다는 행동방식에 의해 결정되는 경우가 많기 때문입니다. 예를 들어 야생의 세계에서 가장 강하다고 평가받는 동물은 사자나 호랑이입니다. 그런데 이들은 이미 전 세계적으로 멸종위기에 처해 있습니다. 생태적 지위라는 입장에서 볼 때 더이상 강자가 아닙니다.

생존조건에 있어서도 호랑이와 사자는 파리, 모기와 같은 곤충에게 시달리고 있으며, 기생충에게 영양분을 빼앗기기도 합니다.

적어도 호랑이와 모기의 관계를 보면 모기가 강자입니다. 모기의 애벌레인 장구벌레에게는 미꾸라지 같은 조그마한 물고기가 포식자입니다. 모기 입장에서는 미꾸라지가 강자입니다. 그런데 호랑이와 미꾸라지가 죽으면 미생물이 그 사체를 먹어 분해한 후에 토양의 영양소로 돌려줍니다. 결국 최종 승자는 미생물인 셈입니다. 그러나 아무도 미생물을 강자로 여기지 않습니다.

먹이사슬을 통한 자연 생태계의 균형은 모두를 강자로 만드는 자연의 조화입니다. 이렇게 강자와 강자 사이에서 균형이 유지되면 자연은 평화롭지만, 균열이 생기면 새로운 균형을 이루는 데까지 많은 갈등이 발생합니다. 기후변화로 어떤 지역에서 풀이 줄어들면 먹잇감이 줄어든 초식동물이나 곤충의 개체수가 먼저 감소합니다. 그러면 줄어든 먹잇감을 먼저 챙기려는 육식동물 간의 경쟁이 심해집니다. 결국 개체수가 적은 육식동물이 먼저 사라지고, 다음 단계로 초식동물, 그리고 곤충과 식물의 순서로 생존위기를 겪게 됩니다.

그래서 환경이 나빠지고 있다고 하나 아직까지 파리, 모기, 미생물은 개체수가 유지되고 있으며, 호랑이와 사자와 같이 먹이사슬의 상위에 위치한 강한 포식동물이 먼저 멸종위기에 처합니다. 강자와 약자는 상대적인 것이며, 상황에 따라 달라집니다. 강자든 약자든 전략을 세우고 끊임없이 변해야 하는 이유입니다.

포식자는 대부분 피식자에 비해 빠르고 힘이 세며, 날카로운 이빨이나 발톱 등 무기를 가지고 사냥감을 찾습니다. 그렇지만 이러한 강한 무장에도 불구하고 도망가는 피식자를 잡는 것은 쉬운 일이 아닙니다. 초식동물이라 하더라도 뒷발질 등 자신을 지키기 위한 최소한의 힘과 무기는 가지고 있습니다.

포식자의 실수는 한 끼 굶는 것으로 끝나지만, 피식자의 실수는 죽음을 의미하기 때문에 필사적일 수밖에 없습니다. 그래서 포식자는 힘이 세거나 큰 개체보다는 어리거나 늙은 개체, 병든 개체, 무리에서 떨어진 개체 또는 식물 등 쉽게 취할 수 있는 먹이를 먼저 선택합니다.

먹이를 확보하는 데도 다양한 수단이 동원됩니다. 먼저 초식동물은 대부분 걷거나 달리는 속도가 빠르고, 물속에서 수영할 수 있습니다. 먹이식물이 많은 곳까지 이동할 때 나타나는 다양한 지형지물을 극복하기 위한 능력입니다. 이 능력은 육식동물을 피해 재빨리 도망치는 데도 사용됩니다.

반면에 육식동물은 추적 또는 매복 등의 방법을 택합니다. 치타는 빠른 속도를 이용해 먹이를 잡고, 검독수리는 뛰어난 시력과 비행술을 활용합니다. 무리를 이루는 늑대, 사자, 리카온 등은 포위공격과 같은 협동작업을 통해 큰 먹잇감을 사냥합니다. 사마귀는 자기 몸과 비슷한 색깔의 풀이나 꽃에 앉아 있다가 다가오는 곤충을 강한 앞발로 잡습니다. 흰색 올빼미, 흰 담비는 눈 덮인 지역에서 사냥할 때 눈에 띄지 않도록 몸의 색깔을 흰색으로 변화시키는 위장전술을 사용합니다. 벌, 거미, 전갈, 뱀 등은 화학무기인 독을 사용해 먹잇감을 무력화시킵니다.

포식자의 공격에 피식자도 가만히 당하고 있지만은 않습니다. 피식자는 육지에서는 빨리 뛰고, 물에서는 수영을 하며, 공중에서는 날아 다닙니다. 포식자가 접근하는 것을 다양한 시각에서 볼 수 있도록 뛰어난 시력이나 민감한 후각을 갖춥니다. 다른 동물의 소리를 들을 수 있도록 청각기관도 발달시킵니다. 토끼는 긴 귀를 발전시켰고, 말과 사슴은 귀를 180도 각도로 자유롭게 움직일 수 있습니다.

포식자와 피식자의 시각기관은 다릅니다. 사슴과 얼룩말 등 초식동물은 눈을 머리 양 옆에 두어 거의 모든 방향을 한꺼번에 살펴봅니다. 목표물까지의 거리를 정확히 판단하지는 못하지만, 적의 존재를 먼저 알 수는 있습니다. 반면 호랑이, 고양이 등 육식동물은 눈을 얼굴 정면에 둡니다. 시야는 좁아지나 목표물까지의 거리나 위치를 정확히 판단해 특정한 목표물을 정확히 공격할 수 있습니다. 공격하는 자는 정확성이, 피하려는 자는 신속성이 중요합니다.

일반적인 방어수단 외에도 각자 특수한 방어수단으로 무장한 동물도 많습니다. 거북이는 단단한 갑옷으로, 고슴도치는 가시 모양의 털로 자신을 방어합니다. 선인장과 장미는 가시를 장착하고, 어떤 식물은 그 가시 속에 독을 품어 포식자나 곤충의 공격에 대비합니다.

일부 종은 독성분을 장착한 후 눈에 띄는 색깔로 치장합니다. 다른 동물로 오인해 자신을 공격하지 않도록 경고색을 진화시킨 것입니다. 밝은 색을 가진 독개구리, 붉고 노랗고 검은 줄무늬가 있는 산호뱀 등이 대표적인 동물입니다. 버섯도 식용이 가능한 버섯은 찾기 어려우나, 독으로 무장한 버섯은 유난히 아름답고 눈에 뜨입니다. 마치 '나는 독으로 무장했으니 피해가라'고 경고하는 것 같습니다. 야생에서는 '작고 아름답다면 독성이 있고, 놀랍도록 아름답고 잡기도 쉽다면 치명적으로 위험'한 경우가 많습니다.

화학물질도 사용됩니다. 독성물질(서양협죽도), 자극제(쏘는 쐐기풀, 폭탄먼지벌레), 불쾌한 냄새(스컹크, 스컹크양배추, 노린재), 나쁜 맛(미나리) 등 자연에서 생물이 사용하는 화학물질은 2만 가지 이상입니다. 코카인, 카페인, 니코틴, 아편, 환각제는 물론 후추, 겨자, 계피, 박하와 같은 향신료, 양념, 나물 종류 등도 식물이 자신을 보호하기 위해 만들어내는 화학물질입니다.

생태계의 동식물이 진화하듯이 인류도 지속적인 진화를 통해 생태적 지위를 키워갔습니다. 농업혁명 이후 인류가 그토록 바랐던 '경제적으로 안정된 미래'는 쉽게 주어지지 않았지만, 소통의 수단을 개발하고, 그것의 효율성을 높이면서 부족사회, 부족국가를 거쳐 민족국가 형태의 대규모 사회 시스템을 만들었습니다.

그리고 1750년대 유럽의 변방에서 일어난 '산업혁명'을 계기로 인류는 스스로 살아가는 모습을 크게 바꾸었습니다. 생산과 소비가 급격히 늘고, 생활하는 지역도 넓어졌습니다. 그러나 천연자원의 부존량이 줄어들고 환경오염은 증가했습니다. 저출산 노령화로 인구구조도 바뀌었습니다.

현재 인류는 4차 산업혁명이라고 하는 새로운 산업혁명 시대를 시작하고 있습니다. 다양한 분야에서 새로운 기술이 발전하고, 과거에 없던 새로운 기회가 만들어지고 있습니다. 4차 산업혁명으로 변화하는 우리의 미래를 예측하고, 그에 맞는 새로운 전략을 찾아야 합니다. 그 시작은 우리 인류가 몸 담고 있는 자연 생태계의 생존전략에서 시작해야 합니다. 우리 인류 역시 자연의 한 부분으로 DNA를 발전시켰기 때문입니다.

집중의 전략, 하나의 목표를 추구할 때 역량이 강화된다

협력의 전략, 뭉치면 강해진다

디테일의 전략, 사소한 것이 중요하다

블루오션 전략, 극한의 환경이 살길을 만든다

보험의 전략, 위험을 분산시켜 위기를 피한다

기다림의 전략, 인내의 결과는 달다

2부

강자를 만드는 약자의 전략

생물학과 교수와 수학과 교수, 그리고 학생 한 명이 숲을 거닐다 사자 한 마리를 만나게 되었습니다. 생물학과 교수는 겁에 질린 목소리로 중얼거렸습니다.

"지난 25년 동안 1000마리 이상의 사자가 인간을 공격했고, 그 인간 중 3분의 2가 목숨을 잃었지."

수학과 교수는 사자와의 거리를 계산하기 시작했습니다.

"몸집을 고려할 때 사자는 최고 시속 65km까지 달릴 수 있지. 올림픽 단거리 선수는 시속 37km까지 달릴 수 있어. 만약 우리가 그 속력의 절반만 낼 수 있다고 해도 사자가 5초 내에 덮치게 될 거야. 그럼 우리는 끝장이라고."

학생은 사자와 교수를 번갈아 쳐다보고 잠시 머뭇거리다가 휴대전화를 꺼내 트위터에 올릴 사진을 찍고 신발 끈을 다시 묶기 시작했습니다. 그러자 생물학과 교수가 물었습니다.

"뭐 하는 거야? 이 사자보다 더 빨리 뛸 방법이 없다는 걸 몰라서 그래?"

"잘 알죠. 하지만 저는 사자보다 빨리 뛸 필요가 없어요. 두 교수님 중에서 한 분만 앞서면 되니까요." 학생은 이렇게 말한 후 사자를 힐끔 돌아보면서 걸어갔다고 합니다.

스포츠 경기는 기록경기와 순위경기로 나뉩니다. 육상과 같은 기록경기에서는 예선 기록으로 본선 진출자를 가리고, 본선 기록으로 우승자를 결정합니다. 봅슬레이나 루지 같은 순위경기는 상대방보다 먼저 결승점에 도달하면 이깁니다. 기록을 측정하기는 하나 기록보다 중요한 것이 순위입니다. 생태계에서 벌어지는 경쟁은 학생이 교수 한 사람보다 빨리 뛰면 되는 것처럼 기록경기보다는 순위경기에 가깝습니다. 상대가 누구든 상대를 이기면 살아남으며, 그러지 못하면 사멸합니다. 대부분 게임에 규칙이 없고, 경기장의 환경도 일정하지 않습니다. 자신 앞에 놓인 환경을 적절하게 이용해 이기는 자만이 강자의 위치를 차지합니다.

생태계에는 크게 세 가지 방식의 경쟁이 존재합니다. 첫 번째는 외부세력과의 경쟁입니다. 먹이사슬 관계에서 먹고 먹히는 생명체 간의 경쟁을 의미합니다. 포식자는 피식자를 제압할 때 에너지 손실을 최소화할 뿐 아니라, 과도한 사냥으로 먹잇감이 사라지지 않도록 개체수를 유지해야 합니다. 따라서 약자를 희생시키는 것과 적정 개체수의 약자가 살아남게 보호하는 것을 병행하는 전략을 사용합니다. 약자 입장에서는 강자의 공격이라는 위협요소를 피하는 것이 생존에 가장 유리합니다. 포식자가 싫어하는 환경이 열악한 지역에서 살거나, 보초를 세워서 포식자를 피합니다. 만약 이런 방식으로도 포식자를 피할 수 없다면, 자손을 많이 만들어 일부는 잡아먹히더라도 나머지가 살아남는 전략을 사용합니다. 내가 아닌 다른 개체 또는 다른 종을 먹게 유도하는 회피전략도 사용합니다. 피식자의 전략은 포식자보다 다양하고 처절합니다.

두 번째 경쟁은 무리 간 경쟁 또는 종내 경쟁입니다. 사람들이 부락을 이루고 살듯 많은 동물종들이 같은 종끼리 무리지어 살고 있습니다. 그런데 이러한 무리들은 먹이와 서식처를 두고 다른 무리들과 경쟁합니다. 더 나은 환경을 차지하기 위해 우두머리를 중심으로 경쟁하는 것입니다. 무리 간 경쟁에서 패한 무리는 더욱 열악한 환경의 영역을 찾아 떠나거나 최악의 경우 생존하지 못합니다. 그래서 많은 종들이 이러한 경쟁을 피하고 공존하기 위해 협상하거나 자신들만의 규칙을 정해 경쟁에 따른 피해를 줄이려 합니다.

세 번째 경쟁은 같은 무리 내 구성원들 간의 경쟁으로, 공동체 내부의 경쟁이라고 할 수 있습니다. 무리를 구성하는 개체 중에는 강한 개체가 있고, 상대적으로 약한 개체도 있습니다. 강한 개체는 무리를 이끄는 우두머리가 되어 먹잇감을 먼저 먹거나, 짝짓기에서 우선권을 갖습니다. 그러나 대장이 되면 그 자리를 노리는 무리 내

젊은 개체와 무리 바깥에서 무리를 노리는 다른 개체의 지속적인 도전을 이겨내야 합니다. 무리를 책임지고 이끌어야 하는 힘들고 고단한 생활을 계속해야 합니다.

　무리 내의 약자는 강자에게 거스르지 않을 경우 강자가 남겨준 먹잇감으로 생존을 유지하고, 운이 좋으면 짝짓기를 통해 후손을 남길 수도 있습니다. 무리를 이루는 동물에게 있어서 최악의 상황은 무리를 떠나는 것입니다. 그것은 곧 죽음을 의미하기 때문입니다. 따라서 무리 안에는 무리를 유지하고 관리하기 위한 강자의 전략과 무리에서 벗어나지 않으려고 하는 약자의 전략, 그리고 무리를 탈취하거나 무리를 이용하려고 하는 위성 개체의 전략이 공존합니다.

1
집중의 전략,
하나의 목표를 추구할 때 역량이 강화된다

사자 | 공작, 청동오리 | 안테키누스

생존을 위한 투쟁은

조직화된 모든 존재들이 번식하는 속도 때문에

불가피하게 나타날 수밖에 없다.

자연 생존주기 동안 여러 개의 수정란이나

씨앗을 생산해내는 모든 개체들은

어느 일정한 시기 혹은 어느 계절이 되면 사라져야만 한다.

만약 그렇게 하지 않는다면

기하급수적 증가의 원칙에 따라

후손의 숫자가 너무도 많아져서

어떠한 땅도 그들을 지탱해낼 수 없기 때문이다.

또한 생존할 수 있는 이상의 개체들이 탄생하기 때문에

각각의 경우에 다른 종의 개체 혹은

삶의 물리적 조건과 생존을 위한 투쟁을 벌여야만 한다.

– 찰스 다윈,《종의 기원》중에서

일반적으로 명확한 꿈과 목표를 세운 사람은 좀 더 자신의 일에 집중하고, 남보다 열심히 노력하는 경향이 있습니다. 자신이 달성해야 할 분명한 목표가 있기 때문에 삶을 더 긍정적으로 보고, 어려움에 직면해도 의지를 불태우기 때문입니다.

"가장 훌륭한 작가Writer는 마감시간Deadline이다"라는 말이 있습니다. 목표와 집중력의 관계를 잘 표현한 말입니다. 누구나 학창시절에 숙제를 하거나 직장에서 보고서를 쓸 때, 시간이 많이 남아 있으면 머릿속에서 생각만 많아지면서 잘 써지지 않습니다. 그런데 마감시간이 가까워지면서 조금씩 자극을 받아 글이 써지기 시작하고, 가까스로 시간에 맞춰 제출한 경험이 있을 겁니다. 보고서 제출이라는 분명한 목표가 있고 목표의 달성 여부를 가리는 마감시간이 있기 때문에, 시간이 지날수록 더욱 집중하게 되고 짧은 시간에 성과를 만들어내는 것입니다.

목표는 선택할 수 있습니다. 목표가 크면 달성하기 어렵고, 작으면 상대적으로 쉽게 달성합니다. 목표가 크든 작든 일단 목표를 설정하면 그것을 달성해야 다음 목표를 설정할 수 있습니다. 사람들은 대부분 하나의 목표를 달성하면 다음의 목표를 좀 더 어려운 것으로 설정합니다. 작은 목표라도 그것을 달성했을 때의 성취감을 느껴보았기 때문입니다. 그래서 목표가 굳건한 사람은 어려운 일을 쉽게 극복하고 감동이 있는 삶을 만들어갈 수 있습니다.

인생은 길고 세상은 복잡합니다. 하나의 목표를 세워서 추진하다 보면, 성공하기도 하고 실패하기도 합니다. 하나의 목표를 달성하고 나면 다음 단계의 목표가 기다립니다. 그리고 다음 단계의 목표는 더욱 어렵고 힘든 경쟁을 이겨내야 달성할 수 있습니다. 목표가 더욱 크고 어려운 것으로 바뀌었고, 경쟁의 상대도 이전의 목표를 달성했던 사람들이기 때문입니다. 따라서 현재의 목표를 달성하기 어렵다거나 일이 어려워졌다면, 자신이 한 단계의 목표를 달성하고 더 큰 목표에 도전하고 있다고 생각하면서 기뻐해야 합니다.

반면 목표 달성에 실패하거나 목표를 포기하면 상실의 아픔을 겪게 됩니다. 그러나 실패를 했더라도 다시 도전한다면 실패의 경험이 더욱 큰 성공을 위한 밑거름이 되기 때문에 큰 문제가 되지 않습니다. 하지만 목표를 포기하면 문제가 발생합니다. 목표를 포기하는 것은 팽팽하게 당겨진 고무줄을 갑자기 놓아버리는 것과 같습니다. 고무줄을 강하게 당기면 당길수록 반동이 커져서 자신이 겪는 아픔도 커지기 때문입니다.

생태계를 유지하는 생명체들에게도 목표가 있습니다. 어떤 목표는 본능적으로 설정된 것이고, 어떤 목표는 의지와 노력으로 만들어가는 것입니다. 본능에 의한 것이든 의지와 노력에 의한 것이든 생물종들은 목표를 구체화하고, 그 목표에 자신의 역량을 집중합니다.

포식자는 자신의 힘과 속도를 집중할 수 있도록 하나의 목표를 설정해 빠르게 공격합니다. 반면 피식자는 포식자가 자신을 목표로 삼지 못하게 방해하면서 공격을 피합니다. 포식자가 목표를 만들지 못하게 하는 피식자의 노력은 다양합니다. 돌고래, 황새, 민물도요 같은 섭금류(황새목, 두루미목, 도요목)와 정어리 같은 어류는 무리로 뭉쳐 빠르게 이동합니다. 큰 무리를 이루면 포식자가 분명한 목표를 만들기 어렵기 때문입니다. 목표가 잘 보이지 않게 하는 방법도 있습니다. 청어, 고등어, 정어리, 전갱이와 같은 등푸른 생선은 이름처럼 등이 파랗고 반짝입니다. 갈매기 같은 새들이 하늘에서 내려다보았을 때 바닷물 색깔과 구분하기 어렵게 만드는 것입니다. 반면 배는 흰색인데, 상어 등이 바다 밑에서 위를 쳐다볼 때 햇빛을 받는 희뿌연 해면과 색깔이 같아 잘 안보이게 하려는 것입니다.

인간 사회에서도 목표를 분산시키거나 명확지 않게 만드는 수비 전략은 자주 사용됩니다. 전쟁터에서 성을 지키는 군사들, 추적자를 피해 단체로 도망가는 사람들, 축구 경기의 수비수들, 심지어는 강의 시간에 교수의 눈을 피해 잠을 자려는 학생들도 자신을 목표로 삼지 못하도록 의식적 · 무의식적으로 교란전략을 사용합니다.

수많은 역경을 극복하고 왕이 되다

사자

탄자니아 세렝게티 초원에서 살아가는 야생동물의 세계에서 최상위 포식자는 사자입니다. 고양잇과 동물인 사자는 호랑이와 함께 대형 고양이족 가운데 가장 큰 맹수입니다. 수컷 사자는 암컷보다 훨씬 크고, 몸무게가 100~250kg, 몸길이가 165~250cm에 달합니다. 보통 시속 60km 정도로 달리며, 빠를 때는 80km까지 달릴 수 있습니다.

일반적으로 사자는 1~6마리의 수사자와 3~12마리의 암사자가 여러 마리의 어린 사자들을 거느리는 형태로 무리를 이루고 삽니다. 주로 암컷들이 사냥을 하고, 수컷은 자기 세력권을 지킵니다. 한 무리 내에서 암사자들은 모두 자매, 모녀, 사촌 등의 혈연관계가 있습니다. 암사자들은 태어난 무리에 남아서 생활하고 새끼를 키우기 때문입니다. 암사자와 달리 수사자는 사냥을 할 수 있는 나이가 되면 형제 또는 사촌 수사자들과 함께 무리를 떠나야 합니다. 그렇게 무리를 떠나 2년 정도 방랑생활을 하면서 체력과 생존력을 키웁니다.

힘과 덩치가 커진 수사자는(들은) 다른 무리의 대장 수사자를 공격해 그 무리를 탈취하려 합니다. 목표로 삼은 무리의 수사자를 이겨 새로운 대장이 되면, 이들은 또 다른 수사자에게 쫓겨나기 전까지 2~3년 정도 그 무리를 이끌며 후손을 만드는 생식활동을 합니다.

무리를 탈취한 수사자는 가장 먼저 그동안 무리를 이끌던 수사자의 새끼들을 죽입니다. 새끼사자들을 살려두면 암사자는 새끼사자들에게 젖을 먹이며 키우기 때문에 25개월이 되기 전에는 다시 임신할 수 없습니다. 따라서 새로운 대장이 된 수사자는 새끼들을 죽여 암사자들이 빠른 시일 내에 생식 가능한 상태가 되도록 만드는 것입니다.

이미 태어난 새끼를 죽이면 무리 내 암사자들이 동시에 발정 상태가 됩니다. 암사자가 동시에 발정하면 여러 마리의 새끼가 비슷한 시기에 태어나고, 무리 내 암사자들이 공동으로 새끼들을 양육하게 됩니다. 공동양육은 어미 암사자가 사냥 등으로 자리를 비웠을 때 무리에 남은 암사자가 다른 어미의 새끼사자에게도 젖을 먹인다는 의미입니다. 사냥을 위해 자리를 비워야 하는 암사자 입장에서는 다른 암사자에게 자신의 새끼를 맡겨야 하는 경우가 생길 수밖에 없으므로 다른 어미의 새끼를 맡아주면서 협력하는 것입니다.

수많은 포식자가 있는 세렝게티 초원에서 젊은 수사자들이 사냥을 하거나 다른 무리를 탈취할 때 여러 마리가 협력하면 절대적으로 유리해집니다. 생존을 위해 사냥은 필수조건이고, 새로운 무리를 탈취하는 것은 자신의 DNA를 가진 후손을 남기기 위해 꼭 필요한 과정입니다. 한 연구에 따르면 네 마리 이상의 수사자들이 함께 새로운 무리를 공격할 경우 성공 가능성은 100%에 달하며, 두 마리일 경우 60%, 한 마리일 경우 18%라고 합니다.

암사자들은 임신하지 않았을 경우 거의 매달 발정하는데, 한 번에 2~3일간 발정 상태가 지속됩니다. 이 기간에 암사자들은 15분마다 한 번씩 짝짓기를 합니다. 한 무리에는 여러 마리의 암사자가 있기 때문에 수사자는 하루에 최대 50회 짝짓기하는 것을 각오해야 합니다. 하루에 다섯 번이 아니고 50번입니다! 그러나 이러한 짝짓기 횟수에도 불구하고 암사자의 출산율은 매우 낮습니다. 게다가 출산한 새끼 중 2년 넘게 생존하는 새끼는 10%에 불과합니다.

생태학자들의 계산에 따르면 성체 수사자 한 마리를 길러내기 위해서는 아비 수사자가 평균 3000번 이상의 짝짓기를 해야 한다고 합니다. 진화생물학자들은 사자들이 이렇게 많이 짝짓기를 해야 하는 것은 무리를 구성하는 수컷들, 즉 자신의 사촌이나 형제들과 짝짓기 파트너를 두고 싸우는 것을 방지하기 위한 암사자의 전략일지 모른다고 주장합니다. 짝짓기가 효율적이지 않기 때문에 암사자를 두고 수사자들이 싸울 필요가 없습니다. 그것이 수사자들 사이의 평화를 유지하고, 나아가서 무리의 안전을 보장하는 데 유리한 전략이라는 것입니다.

아무튼 초원을 지배하는 라이언킹은 디즈니 영화에서 그려지는 것처럼 엄청난 역경을 극복하고 목표를 달성합니다. 그러나 바람에 날리는 화려한 갈기에 비해 하루하루의 삶은 힘들고 고단하기만 한 것 같습니다.

죽음을 무릅쓰고 짝을 만난다

공작, 청둥오리

꿩과에 속하는 공작의 수컷은 화려하고 아름다운 부채 모양 꼬리 장식을 가지고 있습니다. 공작은 비록 날지는 못하지만, 아름다운 자태로 많은 사람의 사랑을 받으며 널리 사육됩니다. 하지만 포식자가 즐비한 야생에서 날지도 못하면서 눈에 띄게 크고 화려한 장식을 뽐낸다면 쉽게 공격목표가 되어 생존에 치명적인 위협을 감수해야 합니다.

또 기러기목 오릿과의 겨울철새인 청둥오리의 수컷도 암컷보다 덩치가 크고, 반짝이는 짙은 녹색 머리와 짙은 갈색의 윗가슴을 수놓은 화려한 깃털로 쉽게 눈에 띄도록 진화했습니다. 수컷이 천적을 만나 죽을 위험을 감수하면서도 암컷에게 나를 봐달라고 애원하는 것입니다. 공작과 청둥오리는 왜 그토록 많은 에너지와 영양분을 투입해 크고 아름다운 깃털을 만드는 것일까요?

이스라엘의 생물학자 아모츠 자하비Amotz Zahavi는 이를 두고 "수컷은 자신을 위해 투자하거나 자신을 위험 상황에 빠뜨릴 수 있는 핸디캡을 통해 자신이 얼마나 유능한지 증명한다"고 설명했습니다. '이 정도 약점은 거뜬히 극복할 능력이 있는 유능한 존재'라고 과시하면서 자신을 짝짓기 상대로 선택하라고 호소를 하고 있다는 의미입니다.

자연에서 수컷이 암컷보다 오래 사는 경우는 대개 암컷이 지속적으로 알을 낳아 후손을 키우는 중에 많습니다. 암컷은 알을 낳고 일정 기간 품어서 부화시킵니다. 이에 더해 어떤 동물은 알을 깨고 나온 새끼까지 돌봐야 합니다. 후손을 만드는 데 많은 에너지가 필요하기 때문에 자신의 덩치를 키울 수 없게 됩니다. 예를 들어 암탉과 암오리는 3분의 1 정도가 지속적으로 알을 낳습니다. 낳은 알 중에 약 6~10% 정도가 부화합니다. 공작은 그 절반 정도 부화합니다.

알을 낳지 않는 수오리는 암오리보다 더 많은 영양분을 비축할 수 있어 먹이가 부족한 겨울에도 생존 가능성이 커집니다. 후손을 위한 에너지를 덜 소비하는 수컷은 화려하게 장식하고, 위험을 무릅쓰면서 암컷을 유혹합니다. 암컷이나 수컷이나 번식을 위해 죽을힘을 다해 애쓰는 것은 비슷합니다.

짝짓기에 모든 것을 바친다
안테키누스

호주에 사는 유대류(발육이 불완전한 새끼를 어미가 배에 있는 육아낭에 넣어 기르는 포유류) 안테키누스Antechinus는 생쥐와 비슷하게 생겼지만 털이 많습니다. 안테키누스 수컷은 해마다 격렬한 짝짓기를 한 후 모두 죽는다고 합니다. 8월에 시작되는 짝짓기는 3일에서 2주일 정도 이어지는데, 이때가 되면 수컷은 정자를 많이 만들어냅니다. 한번 교미를 시작하면 무려 12시간 동안 지속하기도 합니다. 교미를 끝낸 암컷은 27일의 임신 기간을 거쳐 새끼를 낳습니다.

짝짓기 시기에 수컷들이 암컷에게 정자를 배출하기 위해서는 다른 수컷과 싸워 이겨야만 합니다. 그래서 수컷들은 엄청난 스트레스 호르몬을 분출하면서 싸움에 이길 에너지를 만듭니다. 문제는 몸이 견딜 수 없을 만큼 스트레스 지수가 높아져 신부전, 궤양, 면역계 질환 등 온갖 질병에 시달리게 되는 것입니다.

또한 짝짓기 기간이 짧기 때문에 암컷과 짝짓기를 오랜 시간 동안 하면서 다른 수컷이 자신의 암컷에게 접근하지 못하도록 합니다. 그렇게 하면 암컷의 생식기관에 자신의 정자를 전달시킬 시간을 충분히 확보하는 장점도 있습니다. 이렇게 모든 힘을 다 쏟아부어 짝짓기를 하고 나면 수컷들은 모든 에너지를 소비하고 탈진 상태가 됩니다. 결국 수컷 안테키누스는 1년도 채 살지 못하고 최후를 맞이합니다.

생태학자들이 수컷 안테키누스의 고환을 제거하자, 거세된 수컷은 짝짓기 시기 동안 아무런 병에 걸리지도 않았고, 수명도 단축되지 않았다고 합니다. 하찮은 미물임에도 자신의 DNA를 가진 후손을 만든다는 목표를 위해 자신의 생명까지 바치는 것입니다.

2
협력의 전략,
뭉치면 강해진다

리카온 | 흡혈박쥐 | 징어리

내 너희에게 충고하건대, 하나가 되지 말고 여럿이 되어라.

집주인이면서 집 없는 사람이 되어라.

농부이면서 땅이 씨앗을 삼키기 전에

씨앗을 쪼는 참새가 되어라.

감사한 마음으로 주는 기부자이면서

상대를 존중하며 당당하게 받는 수혜자가 되어라.

– 칼릴 지브란

영국 런던에 가면 '코먼Common'이라고 불리는 작은 공원 같은 장소를 많이 볼 수 있습니다. 과거에 이러한 땅들은 관리하는 사람이 없는 공동체 소유로, 마을 사람이라면 누구나 자유롭게 양을 풀어 풀을 뜯어 먹게 하는 곳이었습니다. 미국의 진화생물학자 개럿 하딘Garrett Hardin은 이러한 공동 소유 지역에서 일어나는 현상에 주목했습니다. 마을 사람 누구나 자유롭게 양을 풀어놓게 되자, 우선 양의 숫자가 늘어나면서 목초지가 점점 훼손되기 시작합니다. 그러자 마을 공동체에서는 더 많은 훼손을 막기 위해 양의 숫자를 제한하려고 했습니다. 하지만 농부들은 목초지를 보호하기는커녕 목초지가 완전히 망가지기 전에 자신의 양떼에게 먹이려고 했고, 얼마 안 가 목초지는 벌거숭이가 되었습니다. 이를 '공유지의 비극Tragedy of the Commons' 현상이라고 합니다.

그런데 농부들의 이기심 때문에 황폐해졌던 공유지가 현재 영국에서는 시민들에게 쉼터와 산책로를 제공하는 훌륭한 공원으로 거듭났습니다. 산업이 발달하고 주택이 들어서면서 도시에서의 목축이 사라졌고, 시민들은 휴식을 위한 자연 녹지의 필요성을 느끼게 되자 황폐해졌던 목초지를 공원으로 바꾸기 시작한 것입니다. 많은 시민에게 편의를 제공하는 공원은 개인의 이익보다는 공동체 차원에서 관리하게 되었고, 모두가 활용하는 공동자산이 되었습니다.

인류가 소통의 수단을 발달시키면서 함께하는 공동체의 규모도 부락에서 거대 도시로 커졌고, 공동으로 사용하고 관리하는 자산도 늘었습니다. 집단의 규모가 커지면 자신의 이름과 얼굴을 감출 수 있는 익명성도 함께 확대됩니다. 과거에는 마을의 모든 사람이 서로 알고 지냈지만, 지금은 아파트 옆집에 사는 사람의 얼굴도 모르는 경우가 많습니다.

공동체 규모가 커지자 자신의 노력은 최소화하면서 남에게 빌붙어서 살려는 사람의 숫자가 늘어났습니다. 또 다른 형태의 '공유지의 비극' 현상인 것입니다. 집단의 규모가 커지고, 소통을 하는 대상들의 지리적·사회적·물리적 범위와 내용이 넓어지고 다양해지면서 나타나는 무임승차의 유혹을 관리할 새로운 운영방법이 숙제가 되었습니다.

이를 통제하기 위한 수단은 첫 번째로 법률과 도덕이라는 제도화된 시스템입니다. 과거와는 비교할 수 없을 정도로 법률의 종류와 내용이 복잡해지고 다양해졌으며, 법전도 점점 두꺼워졌습니다. 하지만 사회가 다양해지고 변화의 속도가 빨라지면서 아무리 복잡한 법률도 모든 것을 관리하지는 못하는 상황이 되었습니다. 법률과 제도가 강하고 촘촘해지지만, 그에 따라 법률의 허점을 이용하거나 제도화된 통제에서 벗어나려는 욕구도 함께 증가합니다.

그래서 일부 사람들은 복잡한 조직을 벗어나 자유롭게 소통하고 서로 간에 유대감을 맺기도 합니다. 최근 들어 우리가 언론에서 접하는 나와 관계 없는 뉴스, 사회관계통신망SNS으로 접하는 타인에 대한 사소한 정보가 사회적 의사결정에 많은 영향을 끼치는 이유입니다.

비공식적인 소통은 우리의 행복감에도 많은 영향을 줍니다. 미국의 사회학자 니콜라스 크리스태키스Nicholas Christakis와 제임스 파울러James Fowler는 행복한 친구 한 명은 나의 행복을 평균 9% 증가시키고, 불행한 친구는 나의 행복을 7% 감소시킨다는 연구 결과를 발표했습니다. 그래서 행복한 친구와 불행한 친구의 비율이 각각 50%라고 했을 때, 친구가 많으면 많을수록 행복할 가능성이 높아지는 것입니다.

한국에서 평균 상위 10%의 행복한 사람들은 하루의 약 72%의 시간을 다른 사람과 함께 보내지만, 하위 10%의 불행한 사람은 누군가와 함께 있는 시간(48%)보다 혼자 있는 시간(52%)이 조금 더 많습니다. 미국에서 행복한 사람들은 혼자 있는 시간(35%)에 비해 누군가와 함께 있는 사회적 시간(65%)이 약 2배나 많지만, 불행한 사람들은 혼자 있는 시간(68%)이 누군가와 함께 보내는 시간(32%)보다 2배 이상 많다고 합니다.

자연에서 상대적으로 힘이 약한 생명체들은 무리를 짓는 경우가 많습니다. 호랑이는 혼자서 사냥을 하지만 그보다 덩치가 작은 늑대들은 무리를 지어 움직입니다. 개인들이 모여 국가와 사회조직을 만들면 힘이 더욱 강해집니다. 그런데 이렇게 무리를 만들기 위해서는 모두가 어느 정도의 희생을 스스로 감수해야 합니다. 그리고 개인이 희생을 감수하려면 그것이 공동체는 물론 궁극적으로는 자신에게도 이익이 된다는 믿음이 있어야 합니다.

작은 덩치를 협력으로 극복한다
리카온

리카온은 아프리카 들개 또는 얼룩늑대라고 불리는 갯과의 육식동물입니다. 사자, 표범, 하이에나보다 덩치가 작고, 평균 6~8마리의 성체 리카온을 포함한 20~30마리의 리카온이 한 무리를 이루어 살아갑니다. 리카온은 덩치가 작기 때문에 엄격하고 강제적인 사회조직을 만들어 집단으로서의 힘을 강화시킵니다.

각 무리 내에는 수컷끼리의 서열, 암컷끼리의 서열이 존재합니다. 일반적으로 가장 나이가 많은 암컷이 우두머리가 됩니다. 반면 수컷은 젊은 개체가 우두머리가 되는 경우도 있습니다. 한때 우두머리였던 수컷이 자신의 자리를 빼앗긴 후에 함께 살기도 합니다. 사자와는 확실히 다른 생활방식입니다.

일반적으로 리카온은 직접 죽인 포유동물만을 먹습니다. 사냥

대상은 산토끼에서부터 얼룩말까지 매우 다양합니다. 사냥하는 먹잇감의 크기는 리카온 개체의 숫자에 따라 달라집니다. 무리가 클 때는 얼룩말, 누 등 큰 초식동물을 사냥하지만, 그렇지 않을 경우에는 아프리카 영양인 임팔라, 멧돼지 등 작은 동물을 사냥하는 데 집중합니다. 무리가 클수록 사냥의 성공률 역시 높아집니다. 세 마리가 함께 사냥할 때의 성공률은 42%이지만 20마리 이상일 때는 67%로 늘어나며, 사로잡은 먹잇감의 크기도 3배 이상 늘어납니다. 무리를 키우기 위한 지도자의 안정적 리더십, 멤버의 소통과 협력이 무리의 경쟁력을 좌우하는 것입니다.

피를 나누어 생명을 연장한다
흡혈박쥐

박쥐는 하늘을 날 수 있는 유일한 포유동물로 전 세계에 1200종 이상의 종류가 분포해 있습니다. 피를 먹는 흡혈박쥐는 3종에 불과하며, 모두 중남미에서 살고 있습니다. 그중 2개종은 나무 위에서 잠자는 새의 피를 먹고, 나머지 1종은 소나 말의 피를 주로 먹습니다.

중앙아메리카에서 살고 있는 데스모두스 로툰다Desmodus Rotunda 는 암컷 8~12마리가 새끼들과 함께 무리를 짓고, 수컷은 따로 흩어져 삽니다. 주로 야간에 말이나 당나귀의 피를 빨아먹고 사는데, 굶주림에 특히 취약해 이틀을 연달아 굶으면 사흘째 되는 날 굶어 죽게 됩니다. 그런데 피를 충분히 섭취한 박쥐가 굶주린 박쥐에게 약간의 피를 나누어주면 굶주린 박쥐는 하룻밤을 더 살 수 있습니다.

연구 결과에 따르면 피를 섭취하지 못한 흡혈박쥐의 연간 사망률은 82%에 달하지만, 피를 나누어 섭취할 경우 사망률이 24%로 떨어집니다. 이처럼 피를 나누는 행동은 혈연관계가 아닌 박쥐들 사이에서도 이루어집니다. 단, 피를 나누어주는 박쥐와 피를 받는 개체가 같은 나무구멍 속에서 적어도 생애 60% 이상의 시간을 함께 보내야 한다고 합니다.

그만큼 함께 지낸 시간이 있어야 오늘 피를 나눠줄 경우 나중에 돌려받을 수 있다는 신뢰가 생기는 것입니다. 즉, 이타주의의 기반에는 상호성이 있으며, 상호성이 작용하기 위해서는 신뢰가 필요합니다.

무리를 지어 적을 따돌린다

정어리

청어목 청어과의 어류인 정어리는 한국, 일본, 동중국해 등의 태평양 서부에 분포하는 회유성 바닷물고기입니다. 우리나라 남부 해역에서 겨울을 보내고 봄이 되면 북상하는 계절회유를 합니다.

바다 생물에 대한 다큐멘터리에서는 수천, 수만 마리의 정어리떼가 함께 헤엄을 치는 장관을 쉽게 볼 수 있습니다. 최근에는 수족관이 대형화되면서 실내 수족관에서도 거대한 정어리 무리가 떼를 지어 좌우로 방향을 바꾸어가면서 헤엄치는 모습을 볼 수 있습니다.

상어 등의 포식자에게 쉽게 발견될 위험을 감수하면서도 거대한 무리를 이루어 이동하는 데는 나름대로 이유가 있습니다. 크기나 색깔이 비슷한 개체들이 수천, 수만 마리의 무리로 움직이면 쉽게 공격당하지 않기 때문입니다. 포식자가 덤벼들어도 피식자는 이를 쉽게 따돌릴 수 있습니다. 또한 작은 물고기 한 마리가 홀로 헤엄치면 포식자가 바로 목표로 삼아 공격하지만, 커다란 무리가 되어 움직이면 무리 전체가 하나의 큰 물고기처럼 보여 쉽게 공격하지 못합니다.

만약 정어리떼 중에서 색깔이 다르거나 눈에 띄게 큰 개체가 있다면 쉽게 포식자의 공격목표가 되어 살아남기 힘듭니다. 또한 무리에서 떨어져 나온 물고기도 쉽게 공격목표가 됩니다. 무리를 지을 경우에는 경계를 강화할 수 있다는 것도 강점입니다. 이렇게 효과적으로 경계할수록 천적의 위협으로부터 쉽게 벗어날 뿐 아니라 먹이를 발견하는 것도 쉬워집니다.

3
디레일의 전략,
사소한 것이 중요하다

파리 | 모기 | 미생물

나는 정신과 의사의 의뢰로

지난 20년 동안 최소한 1만 명이 넘는 사람들에게

그들의 직업과 관련된 상담 활동을 해왔다.

거의 모든 사람들이 지닌 한 가지 공통점은

자신의 가치를 너무 낮게 평가한다는 것이다.

– 랜달 햄록

먼지는 세상에서 가장 흔하고 성가신 존재입니다. 우리가 아무리

쓸고 닦아도 먼지는 사라지지 않습니다. 그런데 태양계와 지구는

우주의 먼지구름에 의해 탄생했습니다. 또한 먼지는 태양에서 오는 빛을 산란시키고 흡수해 지구의 기온을 유지해줍니다. 얼음을 형성하는 핵(얼음의 씨)으로서의 역할을 하면서 구름과 빗방울을 만들기도 합니다. 이러한 먼지 입자가 없다면 대기권에서는 아무것도 이루어지지 않을 것입니다.

사하라사막에서 사막폭풍을 타고 솟아오른 먼지는 철분을 포함한 광물성 입자를 대서양에 떨어뜨립니다. 바닷물로 떨어진 광물성 입자들은 해양 플랑크톤의 먹이가 되어 바다 생태계를 지켜줍니다. 사막 먼지 중 일부는 멀리 아마존이나 스칸디나비아까지 날아가 그곳 생태계에 부족한 광물성 물질을 공급합니다.

먼지 다음으로 생태계에서 가장 작고 흔한 것이 미생물입니다. 미생물은 어디에든 있으나, 크기가 작아 대부분 현미경을 통해서만 볼 수 있습니다. 이러한 미생물을 사소한 것으로 여기면 큰 코 다칠 수 있습니다. 우선 우리 몸에는 100조 마리 정도의 미생물이 살고 있는 것으로 추정됩니다. 우리 몸에는 10조 개의 세포가 있고, 미생물은 그보다 10배나 많습니다. 우리 몸의 미생물 무게를 모두 합친다면 1~2kg에 달한다고 합니다.

미국국립보건원NIH은 2007년부터 인간의 몸에 살고 있는 미생물의 유전자 정보를 해독하는 '인체 미생물군집 프로젝트Human Microbiome Project'를 수행했습니다. 그 결과에 따르면 우리 몸에는 확인된 미생물만 1만 종에 달하며, 이들의 유전자를 모두 합치면 사람의 유전자보다 360배나 많은 800만 개나 됩니다.

큰창자에 미생물이 가장 많이 살고 있는데, 그 숫자가 무려 4000여 종에 달합니다. 큰창자에서 사는 대부분의 세균은 병원성을 나타내지 않지만, 일부는 전염성 설사 등을 일으킬 수 있어서 병원성대장균으로 불립니다. 만약 이들이 장 이외의 부위에 들어가면 방광염, 신우염, 복막염, 패혈증 등을 일으킬 수 있습니다.

또 인간의 입속에도 다양한 미생물이 살고 있습니다. 음식물을 씹는 치아에는 1300여 종, 콧속 피부에는 900여 종, 볼 안쪽 피부에는 800여 종의 미생물이 살고 있습니다. 물론 개인에 따라 미생물의 종류에 차이가 있으며, 한 사람의 몸에도 팔꿈치와 입속 등 부위마다 분포하는 미생물의 종류가 다르고, 섭취하는 음식이나 나이 등에 따라서도 달라집니다.

건강한 인간의 몸속에는 병을 일으킬 수 있는 미생물과 유익한 미생물이 미묘한 균형을 이루며 함께 살고 있으며, 그 균형이 깨질 경우 병이 생깁니다. 그래서 무차별적으로 세균을 죽이면 유익한 기능을 하는 '좋은 미생물'까지 모조리 없앨 가능성이 있습니다. 무분별한 항생제 남용을 줄여 유용한 기능을 담당하는 세균을 보호해야 건강을 유지할 수 있다는 의미입니다.

현대인들은 생활환경이 지나치게 깨끗해 미생물과 접촉할 기회가 부족해 문제가 될 수도 있습니다. 어릴 때 흙이나 먼지처럼 미생물이 있는 곳에 노출되지 않으면 면역체계가 발달하지 않아 어른이 되어 아토피, 알레르기, 당뇨 등에 잘 걸릴 수 있다고 합니다. 이를 '위생가설'이라고 부르는데, 과학적으로 확립된 이론이라고 볼 수는 없습니다. 그렇지만 미생물처럼 사소해 보이는 것들이 인간의 건강과 수명에도 영향을 미칠 수 있다는 것을 이해해야 합니다.

세상에는 눈에 보이는 중요한 것들도 많지만, 눈에 보이지 않는 사소한 것들도 많습니다. 대부분의 사람들은 눈에 보이는 중요한 것들에 더욱 신경을 많이 쓰고 투자도 많이 하지만, 일단 사소한 것으로 판단되면 신경을 쓰지 않습니다. 우리가 살아가는 사회에는 눈에 보이지 않는 사소한 것들이 바탕이 되는 경우가 많습니다. 기초를 튼튼히 하지 않아 전체가 흔들리는 일을 막기 위해서라도 작은 것들부터 챙겨야 할 것입니다.

생명체는 모두 자신의 역할이 있다
파리

파리는 모기와 함께 쌍시목雙翅目에 속하며, 세계적으로 널리 분포해 있습니다. 피를 빨아 먹는 먹파릿과, 등엣과, 체체파릿과도 있고, 우리 주변에서 자주 볼 수 있는 집파릿과, 쉬파릿과도 있습니다.

파리는 쓰레기 더미, 하수구, 동물 사체 등에서 번식합니다. 또 음식물 위를 기어 다니면서 알을 낳아 구더기를 만들고 결핵, 장티푸스, 콜레라, 이질 등을 일으키는 병원균을 퍼뜨립니다. 몸에 난 털과 발에 묻혀 전파하기도 하고, 병원체와 함께 먹은 것을 토하는 습성이 있어 직접 전파하기도 합니다. 아프리카의 체체파리는 열대 수면병의 병원체인 트리파노소마Trypanosoma를 매개합니다. 환경이 불결한 곳에 사는 습성 때문에 혐오스러운 곤충으로 취급받습니다.

파리의 번식력은 타의 추종을 불허합니다. 집파리는 한 번에 50~150개의 알을, 평생 6~9회에 걸쳐 낳습니다. 특히 파리 암컷은 몸속 수정낭에 정자를 보존할 수 있어, 한 번의 교미로 수차례에 걸쳐 수정란을 낳을 수 있습니다. 날씨가 따뜻할 경우에는 알에서 구더기를 거쳐 성충이 될 때까지 8~12일밖에 걸리지 않습니다. 번데기에서 부화한 성충은 빠르면 24시간 만에 교미를 하고, 3일째부터 산란을 시작합니다. 이론적으로는 파리 한 쌍이 4월부터 8월까지 총 1억9000만 마리의 자손을 퍼뜨릴 수 있습니다.

이러한 파리도 자연 속에서 자신의 역할이 있습니다. 첫째는 꽃가루받이입니다. 숲속에 사는 대모파리나 꽃등에 무리는 벌처럼 꽃가루받이를 도와줍니다. 둘째는 자연에서 발생하는 쓰레기를 처리하는 역할입니다. 파리가 동물의 사체에 알을 까면 동물의 살과 근육이 녹고, 그것을 구더기가 먹습니다. 이러한 과정을 통해 사체를 처리하고 자원의 순환을 도와주는 것입니다. 불쾌하고 혐오스러운 곤충이기 때문에 사소하게 생각되고 박멸하고 싶지만, 자연은 혐오스러운 파리마저도 필요로 한다는 데 반전이 있습니다.

연약하다고 무시하지 말라
모기

과거에는 호랑이의 공격이나 전염병으로 많은 사람이 목숨을 잃었습니다. 그러나 호랑이가 멸종위기에 처하면서 사람을 죽이는 동물 순위에서 사라졌습니다. 그 대신 1위를 차지하게 된 생명체가 바로 모기입니다. 그다음으로는 전쟁이나 살인을 저지르는 인간이 2위입니다. 뱀이 3위, 개가 4위, 체체파리가 5위를 차지합니다. 아이러니한 것은 가장 연약해 보이는 곤충이 1위를 차지한 것입니다. 모기는 말라리아, 뎅기열, 일본뇌염, 황열병 등의 감염병을 옮깁니다. 게다가 워낙 개체수가 많고 다양한 환경에서 생존하기 때문에 박멸이 거의 불가능합니다.

순위	동물종	연간 평균 사망자 수	사망원인
1위	모기	72만5000여 명	말라리아, 뎅기열, 황열병, 뇌염
2위	인간	47만5000여 명	살인, 전쟁
3위	뱀	5만여 명	뱀독
4위	개	2만5000여 명	광견병, 개에 의한 공격
5위	체체파리	1만여 명	수면병
6위	침노린재	1만여 명	샤가스병
7위	담수패류(우렁이)	1만여 명	주혈흡충의 중간숙주
8위	회충	2500여 명	회충성 폐렴
9위	촌충	2000여 명	조충병, 남미촌충
10위	악어	1000여 명	공격

출처: http://www.techinsider.io/deadliest-animal-world-human-death-sharks-2015-8

인간을 무는 모기는 모두 암컷입니다. 암컷 모기가 알을 낳기 위해서는 동물의 피를 빨아 동물성 단백질을 섭취해야 하기 때문입니다. 모기는 피를 빨 때 매우 정교한 방법을 사용합니다. 먼저 침의 끝으로 모세혈관을 찾고, 10~20개의 미세한 이를 사용해 상대 피부 깊숙한 곳에 침을 찌릅니다. 또 피를 빨기 전에 '히루딘'이라는 혈액응고방지제와 통증을 마비시키는 마취제, 그리고 소화효소를 피부 속에 주입합니다. 아무리 신경이 예민한 사람도 모기가 피를 빨아먹고 도망갈 때까지 느끼지 못하는 이유입니다.

모기에게 피를 빨린 동물의 몸에서는 면역물질인 '히스타민'이 분비됩니다. 그것이 피부가 붉어지는 염증과 함께 가려움을 느끼게 합니다.

　모기 외에도 사람을 많이 죽인 동물에는 체체파리, 침노린재, 우렁이, 회충 등 작고 연약한 곤충이 많이 포함되어 있습니다. 비록 힘이 없고 약한 동물이지만, 위험한 질병의 숙주가 되어 사람을 죽이는 무서운 것들입니다. 우리 눈에 잘 보이지 않는 하찮은 존재도 어느 순간 가장 무서운 존재로 돌변할 수 있음을 알 수 있습니다.

눈에 보이지 않는 곳에서 생태계 전체를 살린다
미생물

미생물Microorganism은 너무 작아 인간의 눈에는 보이지도 않는 세균, 원생생물, 진균, 효모 등을 포함하는 용어입니다. 우리의 몸속, 피부, 한 컵의 물, 한 줌의 토양에도 습기만 있으면 수십억 개의 미생물이 존재합니다.

　미생물이라고 하면 보통 질병을 일으키는 병균이나 무좀의 원인이 되는 진균, 학질을 일으키는 원생생물 등을 먼저 떠올립니다. 그러나 이러한 미생물은 소수에 불과합니다. 예를 들어 미생물의 하나인 균류에는 무좀이나 기계충같이 피부질환을 일으키는 것 외에 간장, 된장, 치즈, 포도주를 만드는 데 필요한 곰팡이류나, 가을

송이 같은 버섯류도 포함됩니다. 균류는 엽록소가 없기 때문에 다른 유기물에 기생해 살고 포자로 번식한다는 공통점을 가지고 있습니다.

먼저 일부 곰팡이는 음식을 부패시켜 식량 손실을 초래합니다. 세계 5대 작물인 쌀, 밀, 옥수수, 감자, 콩의 수확량은 곰팡이에 의해 연평균 1억2500만 톤이 감소합니다. 이는 약 6억 명의 인구가 먹을 수 있는 양이기도 합니다. 만약 5대 작물이 동시에 곰팡이로 인해 타격을 입는다면, 대략 9억 톤의 작물이 피해를 입게 되며, 무려 42억 명이 굶주리는 세계적 기근으로 이어질 수 있습니다.

그런데 문제는 미생물이 사라지면 지구 생태계가 제대로 운영되지 않을뿐더러 인간의 생존도 불가능해진다는 것입니다. 먼저 미생물은 대기 중의 기체 질소를 식물이 흡수할 수 있는 토양의 영양소로 전환시켜줍니다. 1915년에 공기 중의 기체질소를 고정시키는 암모니아합성법의 개발로 화학비료가 생산되기 전까지는 식물의 생장에 필요한 질소는 모두 미생물이 만들어주었습니다.

다음으로, 균류는 생물의 사체, 사람이나 가축의 분뇨, 나뭇잎과 풀 등 복잡한 유기화합물을 분해해 식물이 섭취할 수 있는 무기물로 만듭니다. 자연의 물질을 순환시키는 역할을 하는 것입니다. 균류가 분해한 무기물은 토양 속 수분과 함께 식물의 뿌리에 흡수되어 광합성에 활용됩니다. 미생물이 유기화합물 분해를 통해 지구 생태계의 쓰레기를 처리하는 것입니다. 만약 이러한 미생물이 없다면 지구는 동식물의 사체 쓰레기로 가득차게 됩니다.

또 발효에 관여하고 약용물질을 생산합니다. 발효는 빵, 치즈, 식초, 요구르트, 와인, 맥주, 두부, 간장, 된장 등의 식품을 만드는 데 꼭 필요한 과정입니다. 참고로 발효라는 과정은 우리 몸의 소화기관이 처리하기 어려운 영양분들을 쉽게 소화시켜 흡수할 수 있도록 가공하는 과정으로 이해하면 됩니다.

우리 몸 안의 세균은 먹은 음식물을 분해하는 데 도움을 주어 소화를 촉진시키는 역할도 합니다. 또 콧속의 미생물 중에는 해로운 세균이 폐로 들어가는 것을 막아주는 것들도 있습니다. 페니실린, 에리트로마이신, 스트렙토마이신 등 항생물질의 원천이 되는 미생물도 있습니다.

미생물은 식물에게 질병을 일으키거나 농작물을 공격하는 곤충 개체군의 조절에도 관여합니다. 병충해 방제에 이런 미생물을 이용한다면 잠재적으로 해로운 화학 살충제 사용을 줄여나갈 수 있을 것입니다. 미생물은 사소하게 보이지만, 그 역할은 사소하지 않습니다.

4
블루오션 전략,
극한의 환경이 살길을 만든다

비쿠냐 | 흰허리독수리 | 펭귄 | 코이

신은 인간의 지혜를 깊게 한다.

신은 무엇에 의해서 인간의 지혜를 심화시키는가?

슬픔에 의해서이다.

인간이 도망치고 숨으려고 노력하는 슬픔에 의해서이다.

고뇌와 슬픔은 인간에게 있어 책 속에서는 얻을 수 없는

지혜를 얻기 위해 주어진 것이다.

– 고골리

적도 주변의 아시아, 아프리카, 중앙아메리카에는 다양한 나무

와 풀이 어우러진 열대우림이 분포해 있습니다. 덩굴식물이 나무를 휘감고, 바닥에는 이끼가 자랍니다. 갖가지 색깔로 멋을 낸 난초가 있고, 나비와 벌레, 새들도 알록달록하고 화려한 무늬를 자랑합니다. 나무와 땅을 오가는 재규어, 표범, 오랑우탄, 고릴라 등이 있고, 강가에는 악어와 거북이, 물속에는 크고 작은 물고기가 삽니다. 강수량과 일조량도 풍부해 다양한 생물종들이 보금자리를 만들고 있습니다. 누가 보아도 이곳의 자연은 풍요와 생명력의 상징입니다.

그런데 이곳에서는 다른 어디와도 비교할 수 없는 치열한 생존 경쟁이 이루어지고 있습니다. 키 큰 상록활엽수가 햇빛을 가리기 때문에 다른 식물은 더욱 높이 자라려고 합니다. 다른 나무에 의지해서 자라는 덩굴식물이 많은 것은 그런 이유 때문입니다. 또한 많은 비가 내려 토양이 씻겨나가기 때문에 식물의 성장에 필요한 질소와 칼륨 성분이 부족합니다. 수단과 방법을 가리지 않고 양분을 확보하기 위해 '식물을 먹는 식물'이나 '곤충을 먹는 식물'이 나타납니다. 우림 곳곳에 생존을 위협하는 요인이 많기 때문에 식물들도 독을 품어 자신을 지키려 합니다.

동물들도 자신을 지키기 위해 몸부림칩니다. 힘을 키우기 위해 몸집을 크게 부풀리거나, 도망가기 쉽게 몸집을 작게 만듭니다. 나무와 땅을 자유자재로 오갈 수 있는 동물도 많고, 독을 품은 독충,

독사 등도 많습니다. 이러한 환경에서는 몸집이 작고 수명이 짧은 곤충이 상대적으로 쉽게 적응합니다. 그래서 나비, 개미, 모기와 같은 곤충류가 많고, 이들을 잡아먹는 거미도 많습니다. 그만큼 열대우림에서는 생물의 다양성이 아주 높습니다. 특히 아마존에서는 같은 종의 나비를 10마리 잡는 것보다 10종의 나비를 한 마리씩 채집하는 것이 더욱 쉬울 정도입니다.

이러한 지역은 사람의 생활환경으로는 적합하지 않습니다. 식물이 너무 빠르게 자라기 때문에 씨앗에 녹말을 저장하는 식용작물을 재배하기 어렵습니다. 게다가 식용식물들은 야생의 다른 풀에 눌려 제대로 자라지도 못합니다. 독을 품은 동식물도 많아 가축을 길러 고기를 얻기 어렵습니다. 그래서 이곳 원주민들은 문명을 발전시키지 못하고 석기시대 수준의 원시생활을 영위하는 것입니다.

영구 동토 기후대인 툰드라 지역은 열대우림과는 정반대의 환경입니다. 그린란드 해안 지방, 유라시아 북부, 북아메리카 북부 등 적도에서 가장 멀리 떨어진 곳에 분포하고 있는 이곳의 지표층은 긴 겨울 동안 빙설로 덮여 있다가 짧은 여름 동안에 잠깐 녹습니다. 기온이 매우 낮아 겨울에는 영하 20~30°C 사이를 오가지만, 여름에는 0~10°C 사이로 올라갑니다. 연간 강우량은 380mm 이하지만 증발량이 적어 습지가 생기기도 합니다.

이렇게 척박한 곳에서도 식물은 생명력을 발휘합니다. 여름철

잠깐 드러나는 지표층에는 꽃이끼, 우산이끼, 솔이끼와 같은 이끼류나 선태류, 또는 황새풀 같은 작은 풀이나 작은 나무가 자랍니다. 햇빛이 많지 않아 식물들은 푸른 녹색보다는 연한 갈색을 띠는 경우가 많습니다. 잎이 두껍고 지표면 가까이 분포하며 뿌리는 깊이 들어갑니다. 몸체에 비해 꽃은 크기가 크고, 짙은 색을 나타냅니다. 잎에는 부동액이 있어 얼지 않고 혹한을 견뎌냅니다.

모든 땅이 눈에 덮이는 겨울에는 식물의 생장이 정지되고, 북극늑대, 북극여우, 북극곰, 북극토끼, 순록 등이 등장합니다. 이곳에서는 생물의 종류와 수가 적기 때문에 매우 단순한 생태계가 조성됩니다. 툰드라 기후에도 이누이트, 래프인과 같은 사람들이 살고 있습니다. 농작물 재배가 불가능하기 때문에 순록, 백곰, 물개 등을 사냥하거나 물고기를 잡아 생계를 이어갑니다.

인간 사회도 마찬가지입니다. 조건이 좋은 곳에서는 같은 목표를 추구하는 많은 사람들이 치열하게 경쟁하고, 경쟁에서 이겨야 자신의 영역을 확보할 수 있습니다. 경쟁에서 이기기 위한 다양한 방식이 동원되고, 성공한 사람들이 좁은 영역을 지키며 살아갑니다. 그러나 생활하기 어렵고 척박한 곳에서는 경쟁보다는 환경이 생존의 한계를 결정하고, 환경을 극복한 사람들이 자신의 세계를 넓혀갑니다.

척박한 환경에서 살기 위해 적응하다

비쿠냐

낙타를 떠올리면 가장 먼저 사막이 연상되지만, 해발 3200~4800m 의 남아메리카 안데스산맥 고산지대에도 낙타가 살고 있습니다. 일 반적으로 우리가 알고 있는 낙타는 사막이라는 환경에 적응하기 위 해 등에 볼록한 혹을 만들어 영양분을 비축하도록 진화한 동물입니 다. 그런데 라마, 알파카, 과나코Guanaco, 비쿠냐Vicuña 등 낙타과 동 물들은 안데스산맥의 고산지대에 적응해 생활하고 있습니다.

이미 가축이 된 라마와 알파카와 달리 과나코와 비쿠냐는 야 생에서만 살고 있습니다. 과나코보다 덩치가 작은 비쿠냐는 키가 75~85cm 정도이며, 몸무게도 35~65kg 정도로 작은 편입니다. 비 쿠냐가 살고 있는 고산지대는 먹이가 빈약한 대신 물을 어느 정도 확보할 수 있습니다. 그런데 낮과 밤의 온도 차가 수십℃에 달합니 다. 이러한 환경에 적응하여 비쿠냐 등에 있는 혹을 없애고 덩치를 작게 한 대신 가늘고 빽빽한 보드라운 털을 갖추도록 진화했습니다.

부드러우면서도 보온성이 뛰어난 털은 비쿠냐의 운명을 바꿉 니다. 잉카제국에서는 비쿠냐 털옷을 황실 사람이나 귀족이 아니 면 입지 못하게 했고, 사냥도 엄격하게 제한했습니다. 귀한 동물로 엄격하게 보호한 것입니다. 그런데 유럽인들이 남아메리카로 이

주하기 시작하면서 비쿠냐를 대량으로 사냥했고, 1960년대에는 6000마리의 비쿠냐만 남아 멸종위기에 처하게 됩니다. 이에 페루 정부는 종 보존을 위해 비쿠냐를 멸종위기종으로 지정하고, 워싱턴 협약으로 불리는 '멸종위기에 처한 야생동/식물의 국제거래에 관한 협약CITES' 대상 종으로 지정해 비쿠냐 털의 거래를 제한하기 시작했습니다.

비쿠냐는 성질이 매우 예민해 좁은 공간에서는 사육할 수 없기 때문에 방목장을 자연보호구역으로 지정하고, 번식장려금 제도를 도입해 개체수를 늘려갔습니다. 그 결과 지금은 35만 마리 정도로 개체가 늘어났습니다.

비쿠냐는 고산지대에서 생활하기 위해 덩치를 줄이는 대신 털을 키웠는데, 생존을 위해 선택한 것이 엄청난 가치를 갖게 되면서 오히려 멸종위기 상황을 초래한 셈입니다. 진화의 궁극적인 결과는 그만큼 예측하기 어렵습니다.

나의 생존을 위해 형제를 죽인다

흰허리독수리

자연은 항상 냉정합니다. 자신의 DNA를 유지하기 위해 경우에 따라서는 자신의 형제, 자매를 죽이기도 합니다. 매목 수릿과 조류인 흰허리독수리Verreaux's Eagle는 아프리카 사막의 산지나 암석지대에 살며, 절벽이나 동굴에 둥지를 틀고 바위너구리 등의 포유류와 조류를 잡아먹는 맹금류 텃새입니다. 우리나라 철원 평야를 찾아오는 철새인 시베리아독수리와는 다른 종입니다.

흰허리독수리는 항상 두 개의 알을 낳습니다. 첫 번째 알은 두 번째에 비해 3일 정도 일찍 깨어납니다. 그리고 먼저 부화한 새끼는 나중에 부화한 새끼가 태어나자마자 무자비하게 쪼아댑니다. 갓 깨어난 새끼에게 3일은 엄청나게 긴 기간입니다. 그래서 먼저 깨어난 새끼는 나중에 깨어난 새끼보다 훨씬 성숙하고 힘도 세기 때문에 동생은 형의 무자비한 공격을 당해낼 재간이 없습니다. 결국 동생은 고통 속에서 죽고 맙니다. 한 연구조사에 따르면 200개 이상의 흰허리독수리 둥지에서 나중에 깨어난 독수리 새끼가 살아남은 경우는 단 한 번에 그쳤다고 합니다.

먹이가 부족한 사막이나 초원의 극한 환경에서 한 마리라도 생존할 수 있도록 진화한 결과입니다. 먼저 깨어나 조금이라도 힘이 더 센 개체가 약한 개체를 죽이는 냉혹한 현실을 어떻게 평가해야 할지, 참으로 어렵습니다.

극심한 추위도 생명을 막을 수 없다
펭귄

펭귄은 신생대 제3기에 남반구 중위도에 살았던 물새가 남극지방으로 이동해 진화한 것으로 추정하고 있습니다. 남극에는 북극곰같이 펭귄을 잡아먹는 포식자가 없어 정착할 수 있었던 것으로 보입니다. 펭귄은 주로 극지방에 풍부한 크릴새우와 물고기, 오징어 등의 먹잇감을 잡아먹으면서 살아갑니다. 모든 펭귄종이 남반구에 살지만, 지금까지 알려진 17종의 펭귄 중에서 3종은 열대지방에 분포하고 있습니다. 펭귄 중 가장 큰 종류인 황제펭귄은 다 자라면 키가 약 1.1m, 몸무게는 35kg 정도 됩니다.

펭귄은 모두 알다시피 날지 못하고 곧추서서 걷습니다. 대부분 물속을 헤엄치면서 먹잇감을 잡기 때문에 잠수에 유리하도록 뼛속이 꽉 차 있고, 날개도 지느러미 모양으로 진화했습니다. 그 때문에 다리는 짧고 몸은 무거워 뒤뚱뒤뚱 걸어 다닙니다. 추운 남극의 기온을 극복하기 위해 지방층이 두껍고, 온몸은 짧은 깃털로 뒤덮여 있습니다. 추울 때는 한데 모여 서로 몸을 붙이고 있으며, 먹이를 구할 때는 교대로 먼 바다까지 나가기도 합니다.

펭귄의 자식 사랑은 유별납니다. 천적이 남쪽으로 이동해 비교적 안전한 겨울에 알을 낳아 품고, 따뜻한 봄이 되면 새끼들을 독립시킵니다. 부모 펭귄은 알에서 깨어난 새끼를 독립시키기 전까지 자신의 품안에 넣고 추위와 다른 포식자로부터 악착같이 보호합니다. 그러다가 봄이 오고 새끼들이 자라면 부모의 품에 들어오지 못하게끔 온몸으로 막습니다. 이때부터 독립생활을 위한 훈련을 시키는 것입니다.

간혹 극지방의 극심한 추위와 폭풍을 견뎌내지 못하거나, 천적인 도둑갈매기에게 공격을 받아 새끼를 잃은 어미는 다른 새끼를 도둑질하는 경우도 있습니다. 이때 다른 암컷들은 새끼를 잃은 어미가 다른 새끼를 탐내지 못하도록 원래 어미를 도와주기도 합니다. 이러한 행동은 펭귄에게서만 관찰할 수 있습니다.

매서운 추위를 견디며 극지방을 삶의 터전으로 만든 펭귄은 자신의 사는 모습뿐 아니라 자식을 키우는 방식에서도 자신만의 독특한 전략을 개발했습니다. 한데 모여 추위를 이겨낸다든가 새끼를 도둑맞지 않도록 도와주는 펭귄의 모습은 일반적인 다른 동물에게는 나타나지 않는 행동입니다. 이처럼 남극이라는 극도로 제한된 환경 속에서 펭귄은 혹한에 적응하고 개체를 보존할 방법을 찾아낸 것입니다.

무대가 커지면 나도 커진다

코이

코이는 비단잉어의 일종으로 작은 어항에서 기르면 5~8cm밖에 자라지 않지만, 커다란 수족관이나 연못에서 기르면 15~25cm까지 자랍니다. 심지어 강물에 방류해 자연 상태에서 자라면 90~120cm까지도 성장합니다.

코이와 비슷한 금붕어 같은 종들은 물의 상태를 파악하기 위해 성장억제호르몬을 분비하는데, 만약 물이 양이 적고, 고여 있다면 성장억제호르몬 농도가 높아져 성장을 멈추기 때문입니다.

또한 강물에는 위험요인이 많고, 다른 물고기와도 치열하게 생존경쟁을 해야 합니다. 생활환경이 넓어진 만큼 힘이 세고 능력도 뛰어난 다른 물고기가 늘어나서 먹이와 영역을 쟁취하기 위해 경쟁을 할 수밖에 없는데, 경쟁에서 이기기 위해 쉼 없이 자신을 단련하고 덩치를 키웁니다. 그래서 코이와 같은 금붕어류를 강물에 방류하면 덩치가 훨씬 커지는 것입니다.

이렇게 같은 물고기도 어항에서 키우면 크기가 작지만, 강물에서 자라면 대어가 되는 것을 두고 '코이의 법칙'이라고 부릅니다. 사람도 마찬가지입니다. 큰 무대에서 활동하고, 보다 능력이 출중한 사람과 많이 접촉할수록 생각의 깊이가 깊어지고, 더 크고 의미 있는 결과를 만들어냅니다. 경쟁의 크기와 강도, 그리고 자신의 역량을 고려해서 보다 어렵고 도전적인 분야로 자신의 위치와 진로를 결정해야 큰 인물이 되고, 보다 더 보람 있는 인생을 살게 됩니다.

5
보험의 전략,
위험을 분산시켜 위기를 피한다

소뿔아카시아 | 새콩, 서양민들레 | 회색가시나방 | 유성생식 | 탐바키

항상 귀에 거슬리는 말만 들리고

마음에 거리끼는 일만 있다면,

이것은 덕을 쌓고 수양하는 데 숫돌의 역할을 한다.

만일 귀를 즐겁게 하는 말만 들리고,

하는 일마다 즐겁다면 자신을 독주에 빠지게 한다.

-《채근담》

    우리 주변에는 다양한 위험요소가 있습니다. 그리고 이러한 위험요소들을 어떻게 다루는지에 따라 개인의 일상생활은 물론 가정이나 국가가 위기에 직면하기도 하고 기회를 발견하기도 합니다. 위험은 유해성Hazard과 위해성Risk으로 구분할 수 있습니다. 유해성은 총, 칼, 불량식품, 술, 담배, 독성물질처럼 사물이나 상황이 자체적으로 가지고 있는 해로운 특성을 의미합니다. 호랑이나 사자가 어슬렁거리는 초원, 자동차가 쌩쌩 달리는 고속도로도 유해성이 큰 상황입니다.

위해성은 유해성이 있는 물질이나 상황에 노출되어 실제로 피해를 볼 수 있는 정도를 의미합니다. 위해성의 크기는 물질이나 상황이 가지고 있는 유해성의 강도와 유해성에 노출되는 정도에 따라 결정됩니다. 이를 식으로 표현하면 '유해성×노출 = 위해성'으로 정리할 수 있습니다.

유해성이 있는 총과 칼이 자물쇠가 채워진 무기고에 안전하게 보관되어 있다면 위해성이 높지 않습니다. 사자가 아프리카 초원에서 포효를 하고 있다면 주변에서 먹이활동을 하는 초식동물에게는 위해성이 높은 상황입니다. 그렇지만 방탄유리로 보호받고 있는 차량에서 사진을 찍고 있는 관람객에게는 위해성이 그다지 높지 않습니다.

누구나 일상생활 속에서 위해성이 높은 상황에 노출될 수 있습니다. 교통사고, 화재, 질병 등으로 인해 생명에 위협을 받을 수도 있고, 태풍이나 지진 같은 자연재해로 인해 경제적 손실을 볼 수도 있습니다. 이렇게 우리가 막을 수 없는 위험에 대비하지 않으면 더 큰 위기를 겪을 수 있습니다.

이러한 위협요소에 대비하기 위해 우리는 보험을 듭니다. 자동차보험, 화재보험, 연금보험과 같이 다소 비용이 들더라도 보호장치를 준비해두어 사고로 발생할 수 있는 엄청난 신체적·정신적·경제적 피해를 줄일 수 있습니다. 기업에서도 투자에 따른 손실을 최소화하기 위해 갖가지 헤징Hedging 수단을 동원합니다.

최근에는 고령화에 대한 준비가 부족한 것이 위험요소로 급부상하고 있습니다. 과거에는 아이를 많이 낳는 것이 노후에 대한 대비가 되었지만, 최근에는 저출산이 문제가 될 만큼 다음 세대의 인구가 줄어들어 스스로 노후를 대비해야 합니다. 개인 차원에서 연금보험을 들거나, 국가 차원에서도 국민연금제도를 도입하고, 노령연금을 시행하며, 노인질병 보장을 강화하는 것도 고령화에 대비한 보험이라고 할 수 있습니다.

생태계에서는 다양한 먹잇감을 먹고 소화시키는 것으로 보험을 듭니다. 다른 종들이 좋아하지 않는 것이나 쉽게 확보할 수 있는 것을 섭취하는 것도 하나의 전략이라 할 수 있습니다. 그런 면에서 생쥐와 같은 잡식성 동물은 상대적으로 유리한 위치에 있습니다. 그런가 하면 한 번 식사를 할 때마다 온 힘을 다해 사냥을 해야 하는 육식동물은 초원의 풀을 뜯어 먹으며 살아가는 초식동물보다 먹이

환경의 위해성이 크다고 할 수 있습니다. 그래서 먹이사슬의 최상위층에 있으면서도 먹잇감에 대한 보험이 상대적으로 약한 육식동물들은 환경적응에 어려움을 겪고, 쉽게 멸종위기에 처하는 것입니다.

식물도 초식동물로부터 자신을 지키기 위해 보험을 듭니다. 볏과 식물은 유리의 원료가 되는 규소를 이용해 잎 주위를 칼날처럼 단단하고 날카롭게 만듭니다. 그러면 되새김질을 하는 소나 맹장이 발달한 말은 먹을 수 있지만, 사람과 같은 잡식동물은 먹을 수 없습니다.

독을 품고 있는 식물들도 있지만, 독을 만들기 위해서는 잎과 꽃을 만드는 데 필요한 에너지를 줄여야 하므로 생장에 부담이 됩니다. 독을 품은 식물이 많지 않은 이유입니다. 또한 치명적인 독은 자신에게도 치명적일 수 있습니다. 그래서 사이안화수소 같은 맹독성 물질을 만들고는 사이안화수소를 떼어내는 효소를 안전핀으로 함께 만드는 방식을 택하는 것도 있습니다.

초식동물은 식물의 독으로부터 자신을 지키기 위해서 세균과 공생하는 방법을 취합니다. 위 속에 살고 있는 다양한 종류의 세균을 이용해서 독성을 분해하는 것입니다. 이렇게 자연의 생명체들은 서로 보험을 들고, 각자의 생존역량을 강화하기 위해 진화를 거듭합니다.

독개미와 공생해 생명을 유지하다

소뿔아카시아

식물을 괴롭히는 동물은 잎을 갉아먹는 곤충에서 기린이나 사슴, 염소 같은 초식동물에 이르기까지 다양합니다. 그래서 식물들도 자신을 보호하기 위해 보험을 듭니다. 선인장과 같은 일부 식물은 이파리를 가시로 만들거나, 장미처럼 줄기에 가시를 만들어 무장합니다. 토끼풀, 고사리, 옻나무, 앉은부채, 천남성 등은 잎이나 줄기 등에 독성물질을 품습니다.

어떤 식물은 가시 속에 독성화학물질을 채워 넣어 방어효과를 높이기도 합니다. 가시라는 물리적인 공격과 독성이라는 화학적인 공격을 병행하는 것입니다. 만약 초식동물이 가시와 화학물질의 동시공격을 받으면 입에 물집이 생기고 통증을 겪기 때문에 다시는 그 식물을 거들떠보지 않게 됩니다.

소뿔아카시아Bull's Horn Acacia는 속이 빈 가시를 가지고 있고, 그 공간을 독성이 있는 개미에게 내어줍니다. 자신이 독을 만드는 것이 아니라 독을 가진 곤충에게 아늑한 공간과 꽃꿀Nectar을 제공해 자신을 방어하도록 부탁하는 것입니다. 소뿔아카시아 가시 속에 사는 개미인 아카시아개미Acacia Ant는 초식동물들이 아카시아 잎을 먹으려고 하면 일제히 말벌처럼 쏘아댑니다. 개미의 독이 매우 강력해 사슴이나 코끼리도 쫓아낼 정도라고 합니다.

소뿔아카시아는 아카시아개미를 자신의 방어무기로 만들 뿐 아니라 꽃꿀의 공급량을 조절해 아카시아개미의 개체수를 조절하기도 합니다. 외부의 공격이 많아질 때는 꽃꿀을 많이 공급해서 개미의 숫자를 늘리고, 그렇지 않을 때는 꽃꿀 공급량을 축소해 개미의 숫자를 줄입니다. 마치 소뿔아카시아가 생각하는 능력을 갖고 있고, 자신이 가진 비용을 고려해 위험에 대비한 보험금이라 할 수 있는 에너지를 배분한다는 생각이 듭니다.

자신의 공간과 꽃꿀을 내어주면서 아카시아개미와 공생하는 소뿔아카시아는 초식동물의 위협에서 자신을 지키는 길을 찾았고, 더해서 외부의 공격 빈도에 따라 아카시아개미의 숫자를 조절하는 방법도 터득했습니다. 자신의 공간과 꽃꿀을 내어주었다는 것은 생존의 방법에서 아주 중요한 의미를 갖습니다. 서로의 필요를 채워주면서 공생할 수 있는 길을 찾기 위해서는 자신이 가진 소중한 것을 내줄 줄 알아야 합니다. 어떻게든 자기 자신이 하나라도 더 가지려 한다면 공생은 어려워지고, 치열한 경쟁 속에서 생존마저도 담보할 수 없는 상황에 몰리게 될 수 있기 때문입니다.

제2의 대안으로 번영을 누리다

새콩, 서양민들레

자연에는 늘 위험요인이 도사리고 있습니다. 산사태, 산불, 홍수, 태풍 등으로 인해 동식물이 몰살되기도 하고, 초원의 풀은 초식동물에게 모두 뜯어 먹히기도 합니다. 어떤 일이 벌어질지 모르는 환경에서 생명체들은 자신의 생존을 유지하기 위해 보험을 들어야 합니다. 특히 척박한 환경에 뿌리를 내리는 잡초는 다양한 형태로 보험전략을 시행합니다.

먼저 씨앗이 땅에 떨어지면 싹트기에 적합한 조건이 갖춰지기를 기다립니다. 수년에서 수십 년 동안 잠을 자며 기다리기도 합니다. 그러다 적당한 온도와 습도, 햇빛의 강도가 갖춰지면 씨앗이 발아합니다.

그런데 잡초들은 동시에 모든 씨앗을 발아하지 않습니다. 만약 동시에 싹을 틔웠다가 생장조건이 갑자기 변할 경우에 몰살당할 위험이 있기 때문입니다. 싹을 틔우지 않고 남아 있던 여분의 씨앗은 기후조건이 급격히 변할 경우에도 살아남아 후일을 기약합니다. 잡초가 선택한 일종의 사고 대비 보험인 셈입니다. 그래서 잡초를 아무리 뽑고 뽑아도 다시 자라나는 것입니다.

한해살이 덩굴식물인 새콩은 어디서나 쉽게 볼 수 있는 잡초로,

농촌의 들녘이나 길가, 밭 언저리 등에 자생합니다. 새콩은 생존의 위협을 피하기 위해 지상과 지하에 동시에 열매를 맺습니다. 땅속 열매는 땅 위에 달린 종자보다 2배 크고 둥근 종자 1개를 반드시 포함합니다. 만약 지상부가 잘리거나 동물에게 먹히더라도 후손을 남길 수 있도록 보험을 든 것입니다.

잔디밭이나 풀밭에서 쉽게 볼 수 있는 서양민들레는 흙만 있으면 뿌리를 내리고 꽃을 피웁니다. 보도블록 사이에서도 피어나는 민들레는 흔히 볼 수 있습니다. 그런데 특이하게 서양민들레는 꽃이 피기 전에 잘린 꽃봉오리에서도 씨앗을 만들어냅니다. 꽃봉오리가 생길 무렵 이미 난세포에서 세포분열로 씨앗을 만든 것입니다. 보도블록 틈새나 하천변 절개지 등에서도 피어나는 서양민들레는 씨앗이 여물기 전에 사람의 발길이나 차량 바퀴에 의해 절단될 가능성이 있기 때문에 제대로 자라지 않았더라도 씨앗을 만들도록 보험을 든 것입니다.

다양성으로 환경변화에 대비하다

회색가지나방

19세기 후반 산업혁명이 절정에 달했을 때 유럽 도시에는 어두운

색의 나방이 급증했습니다. 특히 석탄을 태우는 공장 주변에서 검은색 나방이 늘어났습니다. 생태학자들은 이를 영국의 회색가지나방 사례로 설명합니다.

회색가지나방은 주로 흰 개체를 낳지만 검은 나방도 일정 비율로 함께 낳습니다. 환경이 깨끗한 자연 상태에서는 흰색나방이 생존에 유리합니다. 지의류로 덮인 나무 밑동에 쉽게 몸을 숨길 수 있기 때문입니다. 그런데 흰색 개체만 있다면 환경이 변화했을 때 생존에 위협을 받을 수 있으므로 일부 개체를 검은 나방으로 만드는 방식으로 보험을 든 것입니다.

만약 주변 환경이 매연으로 오염되면 검은색의 개체가 더 높은 생존율을 보이면서 개체수가 늘어납니다. 자연스럽게 보호색을 띠게 되는 어두운 색의 개체가 천적의 공격을 적게 받게 되면서 다수를 차지하게 된 것입니다. 즉, 흰 나방이 검은 나방으로 변한 것이 아니라 검은색의 개체가 생존율을 높이면서 다수를 차지하게 된 것입니다.

이처럼 회색가지나방은 색깔이 다른 개체를 낳는 보험을 들어 공해로 인해 주변 환경이 달라져도 멸종의 위기를 모면할 수 있었습니다. 이 외에도 많은 동물들이 색이나 형태를 다양하게 만들어 위험으로부터 일부 개체가 살아남도록 하는 전략을 사용합니다. 인간뿐만 아니라 모든 생명체가 생존을 위한 보험을 들어 위기 대응 수단으로 활용하고 있습니다.

다른 유전자를 받아들여 역량을 키우다
유성생식

지구상에 최초로 생명체가 등장한 시기에는 모든 생명체가 세포분열을 통해 자신과 똑같은 복제품을 만드는 '무성생식'이라는 번식 방식으로 후손을 만들었습니다. 무성생식을 하는 개체군은 세대를 거칠 때마다 2배로 늘어납니다. 따라서 10세대 정도가 지나면 하나의 개체가 1024개체로 늘어납니다.

그런데 10억 년 전에 생명체들 사이에서 암컷과 수컷으로 구분되는 성의 분화가 일어나면서 짝짓기를 통해 후손을 만드는 유성생식 방식이 생겨났습니다. 유성생식으로 후손을 만드는 번식 방법은 시간이 지나면서 더욱 많은 생명체로 확산되었습니다.

무성생식으로 후손을 증식할 경우 유전적으로 동일한 개체가 탄생합니다. 그래서 급격하게 변한 환경에서 자신이 살기 어려워지면 자신과 동일한 유전자를 가진 후손 역시 새로운 환경에 적응하지 못한 채 몰살당하게 됩니다. 후손에게 새로운 능력이 갖춰지려면 세포분열 과정에서 소위 '돌연변이'가 나타나야만 합니다.

반면 유성생식은 암컷과 수컷의 유전자가 결합하기 때문에, 새로운 유전자의 조합을 상대적으로 쉽게 만들어낼 수 있습니다. 유성생식을 통해 태어난 후손들은 엄마와 아빠의 유전자를 함께 물려받아 새로운 특성을 갖게 됩니다. 두 개체로부터 물려받고 모방하는 과정에서 두 개체와는 전혀 다른 새로운 특성도 갖출 수 있습니다.

그러나 유성생식의 절차는 매우 복잡합니다. 각자 마음에 맞는 짝짓기 상대를 만나야 하고, 짝짓기 과정에서 포식자에게 노출될 위험도 감수해야 합니다. 또한 짝짓기로 질병이 전염될 수도 있고, 반드시 임신이 되어 후손을 볼 수 있다는 보장도 없습니다. 임신이 되어도 출산과 양육이라는 부담이 뒤따릅니다. 그럼에도 불구하고 유성생식이 확산될 수 있었던 이유는 유전자 결합을 통해 새로운 형질의 후손을 만드는 것이 이러한 모든 불편과 위험, 에너지 소비 등을 상쇄할 만한 이득을 제공하기 때문입니다.

현재 자연계에는 무성생식과 유성생식이 공존하고 있습니다. 무성생식은 주로 세균, 규조류, 녹조류 같은 단세포 유기체와 일부 다세포 생물들 사이에서 유지되고 있습니다. 자신의 유전자를 빠르고 효율적으로 퍼뜨릴 수 있는 탁월한 번식력이 장점입니다. 단, 환경이 갑작스럽게 변하면 집단이 위기에 빠질 수 있습니다. 그래서 환경조건이 좋을 때는 무성생식으로 번식을 하다가 환경이 나빠지면 유성생식으로 번식하는 효모나 물벼룩 같은 종도 나타납니다. 이처럼 자연이 드는 보험의 형태는 지속해서 발전하고 있습니다.

채식주의자가 되어 씨앗을 널리 퍼뜨린다
탐바키

아마존의 열대우림은 해마다 홍수철이 되면 강의 수위가 20m 이상 증가합니다. 그러면 나무들이 일제히 열매를 맺고, 그것을 물 위로 떨어뜨립니다. 그때 어떤 물고기는 물에 떨어진 열매를 먹고, 어떤 물고기는 나뭇가지에 달린 열매를 따서 먹습니다. 열매를 먹은 어류는 몇백m 또는 몇km씩 이동해서 소화가 되지 않은 씨앗을 배설하고, 그 씨앗은 새로운 땅에 뿌리를 내립니다. 아마존 유역에는 이렇게 과일을 먹는 어류가 200종이 넘습니다.

대표적인 어종이 탐바키입니다. 탐바키는 피라냐의 가까운 친척이지만 몸무게는 무려 5배가 넘는 30kg까지 자랍니다. 물 위에 떨어진 열매를 먹고사는 채식주의자인데, 열매를 먹으면 그것을 소화하는 데 오랜 시간이 걸립니다. 그래서 다른 어떤 동물보다 먼 곳에서 소화되지 않은 씨앗을 배설하게 됩니다. 식물이 넓은 곳으로 확산될 수 있도록 하는 것입니다.

연구에 따르면 탐바키가 이동하는 거리는 평균 337~552m이고, 최고로 멀리 간 경우에는 5.5km를 가기도 했습니다. 또 230마리의 뱃속에서 22종의 나무 열매 씨앗 7만 개가 발견되기도 했습니다. 한 마리당 평균 300여 개에 달하는 숫자입니다.

　　게다가 물고기가 확산시키는 씨앗은 육지의 동물이 확산시키는 것보다 싹이 틀 확률이 더 높다고 합니다. 무려 90%의 씨앗이 싹 틀 수 있는 곳에 안착했다고 합니다. 아마존의 나무들은 움직일 수 없지만, 열매를 떨어뜨리는 전략을 통해 후손을 널리 퍼지게 할 수 있게 되었습니다. 탐바키는 떨어진 열매를 통해 어렵지 않게 먹이를 구할 수 있었습니다. 각자의 생존조건에 따라 공생의 길을 택했던 것입니다.

　　하지만 탐바키가 인간에게 남획되면서 씨앗을 이동시켜주는 기회가 점점 줄어들고 있습니다. 과도한 어업으로 인해 어류의 멸종뿐만 아니라 열대우림의 보존에도 영향을 주고 있는 것입니다.

6
기다림의 전략,
인내의 결과는 달다

하루살이 | 늑대 | 뻐꾸기

어느 동네에 목사가 새로 부임했다.

그런데 그 동네에는 교회와 목사에 대해서

줄곧 욕을 하고 다니는 노인이 한 명 있었다.

동네 사람들 중에서 그 노인만 교회에 나가지 않고 있었다.

그 소문을 듣고 목사가 노인을 찾아갔다.

목사는 3시간 동안 그의 이야기를 듣기만 했다.

"그래요? 아, 네. 그렇군요. 네…."

그 뒤에 그 노인은 이렇게 말을 하고 다녔다.

"새로 온 목사는 사람이 됐어. 괜찮더구먼." - 인터넷 유머에서 체온조절이 어렵고 먹잇감을 구하기 어려운 겨울이 되면 에너지 소비를 줄이기 위해 잠만 자는 동물들이 있습니다. 양서류나 파충류 같은 변온동물이 대표적입니다. 개구리는 몸의 기능을 대부분 정지시키고, 심장박동과 호흡이 거의 없는 가사 상태에서 겨울잠을 잡니다. 그리고 몸속에서 부동액 같은 성분을 만들어 체액이 얼지 않도록 보호합니다. 뱀도 온도변화가 적은 땅속이나 돌, 쓰러진 나무 밑동에서 잠을 자면서 체온이 내려가는 것을 막습니다.

곰, 다람쥐, 너구리, 오소리, 고슴도치 같은 포유동물도 겨울잠을 잡니다. 곰은 신진대사율을 4분의 1 정도로 낮추고, 심장박동도 분당 15회에서 9회 정도로 떨어뜨립니다. 그래도 중간중간에 일어나 배설을 하거나 먹이를 먹기도 합니다. 심지어 동면 중에 새끼를 낳기도 합니다.

여름잠을 자는 동물도 있습니다. 사막이나 열대지방처럼 극도로 건조하거나 더운 곳에 사는 달팽이, 도롱뇽, 악어 등이 대표적입니다. 이들 동물은 지상보다 시원한 땅속에 굴을 파고 들어가서 더운 여름을 견딥니다. 달팽이는 몸이 건조해지는 것을 막기 위해 껍데기 입구에 점액으로 막을 치고, 그늘진 곳에 달라붙어 여름잠을 청합니다. 대사작용을 줄여 에너지 소비를 최소화하는 것은 겨울잠과 마찬가지입니다.

동물들이 극한의 기후를 극복하기 위해 겨울잠과 여름잠을 청하듯이 우리도 극복하기 어려운 시기를 어떻게든 견뎌내면 문제가 해결되는 경우가 많습니다. 한 연구에 따르면 대학생들이 일상적으로 겪는 좋은 일(새로 생긴 이성친구, 대학원 입학 등)과 나쁜 일(결별, F학점 등)이 행복에 영향을 미치는 기간은 불과 3개월밖에 되지 않는다고 합니다. 3개월만 견디면 일상생활로 돌아갈 수 있다는 것입니다.

자연 생태계에서 기다림의 시간은 아주 중요한 역할을 합니다. 모든 것이 계절의 변화를 거치면서 결실을 보고, 시간이 지날수록 성숙하기 때문입니다. 생명체가 빨리 자라면 그만큼 생을 빨리 마감하게 됩니다. 호박과 토마토는 몇 주 만에 자라 열매를 맺지만, 첫 서리가 내리면 이내 죽어버립니다. 반면 소나무와 참나무는 수 년에서 수백 년에 걸쳐 자라고, 열매도 수십 년 동안 맺습니다.

인생의 중요한 일들은 대개 시간이 오래 걸리고 비용도 많이 듭니다. 만약 자신의 예상보다 일이 제대로 풀리지 않는다면 천천히 자라야 더욱 튼튼하게 자라는 생명체를 떠올리며 기다릴 줄 아는 지혜가 필요합니다. 또, 기다림이 성공의 조건인 경우도 많습니다. 우리 인간을 포함해 자연계의 모든 생물은 몸속에서 끊임없이 작은 전쟁을 치르고 있습니다. 질병을 일으키려는 병원균과 그것을 막으려는 면역체계의 싸움입니다. 우리가 우리 몸속의 싸움을 인식하지 못하는 이유는 대부분 면역체계가 이기기 때문입니다. 만약 면역체계가 이기지 못하면 우리는 질병에 걸리고, 심한 경우 죽음에 이를 수도 있습니다. 이러한 면역체계가 새로운 병원균을 이기려면 방어력을 갖출 수 있도록 기다리는 시간이 필요합니다.

또 인간의 감정은 상대적입니다. 극단적인 경험을 하고 나면 감정을 느끼는 기준선이 바뀌어 어지간한 일에는 감흥을 느끼지 못합니다. 중상위권의 성적에 머물던 학생이 전교 1등을 하고 나면 다시 예전의 성적으로 돌아갔을 때 매우 실망하게 됩니다. 이러한 감정을 다스리기 위해서도 시간이 필요합니다.

생존의 비결은 긴 어린이, 짧은 어른이다
하루살이

하루살이는 하루살잇과 곤충으로 부유류라고도 합니다. 하루살이는 비밀이 많은 곤충입니다. 약 3억 년 전 고생대 석탄기에 등장한 곤충인데, 현재까지 많은 개체수를 유지하면서 살아남았습니다. 고생대 곤충 중 지금까지 존재하고 있는 것은 바퀴벌레와 하루살이뿐입니다.

하루살이의 학명은 '덧없는 운명의 곤충Ephmeroptera'이라는 뜻을 가지고 있습니다. 성충이 되어도 생김새는 약하기만 하고, 불과 하루이틀밖에 살지 못하며, 종류에 따라서는 한 시간밖에 살지 못합니다. 천적을 피해 달아날 힘도 무기도 없습니다. 그런데도 그 오랜 기간 살아남았고, 그 숫자도 엄청납니다. 성충이 되어 사는 기간이 극히 짧지만 유충 상태로는 1~2년을 삽니다. 곤충이라는 점을 감안할 때 전체 생명주기가 짧다고 말하기는 어렵습니다.

성충이 된 하루살이는 짝짓기와 번식을 유일한 목표로 삼습니다. 교미에 집중하기 위해 입도 퇴화시켰고, 음식은 물론 물도 섭취하지 않습니다. 유충으로 지내는 기간 동안 축적한 에너지를 사용해 성충으로 지내는 기간에는 후손을 만드는 일에 집중하는 것입니다.

하루살이는 해질녘에 일제히 우화해서 교미를 시작합니다. 자신들의 천적인 새들이 잠든 시간을 택하는 것입니다. 때로는 박쥐가 나타나 포식하기도 하지만, 하루살이의 전체 숫자를 고려하면 극히 일부에 그칩니다. 그리고 한 마리가 무려 4000개 정도의 알을 낳습니다. 곤충의 세계에서 알을 많이 낳기로 따지면 열 손가락 안에 들어갈 정도입니다.

이렇게 교미와 산란을 완수한 하루살이는 짧은 생을 마칩니다. 그러나 오랜 기간 유충으로 기다리는 생활을 유지함으로써 3억 년이 넘도록 지구 생태계의 한 축을 굳건히 지키게 된 것입니다.

오랜 기다림 끝에 큰 수확을 얻다

늑대

늑대는 육식동물이지만, 인간과 밀접한 관계를 맺고 진화해왔습니다. 가장 먼저 가축이 된 개의 조상입니다. 로마제국에서는 왕이 될 아이를 늑대가 키웠다는 신화가 전해지고 있으며, 몽골에서는 늑대를 신과 같은 존재로 추앙합니다.

늑대는 집단생활을 하면서 효과적인 의사소통을 통해 힘을 강화하고, 사냥의 효율을 높일 수 있었습니다. 뛰어난 지능과 효율적인 팀워크를 활용해 자기 몸무게보다 10배나 큰 동물도 사냥합니다. 늑대 무리는 사냥을 할 때 사냥감들이 쉬지 못하게 지속적으로 위협을 가해 체력과 판단력을 저하시킨 후, 무리에서 이탈하는 동물을 공격합니다. 이렇게 무리를 지어 사냥하는 방식을 효과적으로 사용하기 위해서는 무리 전체가 유기적으로 행동해야 하기 때문에 어릴 적부터 끊임없이 훈련을 받고, 평소에도 무리를 지어 다니면서 동료들과 소통하는 생활을 합니다.

내몽골의 유목민족들은 칭기즈칸이 늑대의 사냥법을 전투에 적용해서 단기간에 거대한 제국을 건설했다고 이야기합니다. 중국 작가 장룽姜戎의 소설 《늑대토템》에 따르면 늑대는 우두머리를 중심으로 척후·유인·잠복·포위·성동격서 등 다양한 전법을 구사할 수 있는 전문 사냥꾼입니다.

《늑대토템》에서 소개하는 늑대의 포위전법은 매우 인상적입니다. 우선 순록 한 무리가 늑대의 사냥권 안으로 들어옵니다. 그때부터 늑대들은 순록이 밤을 보낼 장소를 예측해 오후부터 포위망을 만들고 매복합니다. 해가 떨어지면 순록들이 휴식을 취하기 시작합니다. 그러면 늑대들은 순록이 눈치채지 못하게 포위망을 좁히지만 공격은 하지 않습니다. 시간이 지나 대부분의 순록이 잠들어도 공격하지 않고 기다립니다.

새벽 동틀 무렵이 되면 늑대들은 일시에 큰 울음소리를 내면서 순록 무리를 급습합니다. 이때 순록들은 깜짝 놀라 이리저리 뛰다가 방광이 터져 죽습니다. 늑대들은 집중 공격을 할 때에도 포위망의 한쪽을 열어둡니다. 밤새 소변을 보면서 경계를 선 똑똑한 순록이 도망가도록 길을 터주는 것입니다. 그러면 이 순록들은 살아남아 새끼를 낳고 키워서 이듬해에 다시 초원의 풀을 먹기 위해 돌아옵니다. 늑대들은 모든 순록을 일시에 잡아버리면 다음 해에는 돌아오지 않는다는 것을 알고 있는 것입니다.

칭기즈칸도 몽골제국을 세우기 위한 전투에서 늑대의 전법을 적용했습니다. 늑대를 피해 빠른 속도로 달아났던 천리마를 타고 성을 급습해 포위하고 잔인하게 죽이되, 점령지의 성주나 주민 중 일부를 도망가도록 놔둡니다. 그러면 그들은 주변의 성에 공포심을 전파하고, 이를 접한 이웃의 성은 몽골군에 맞서 싸울 용기마저 잃고 항복하고 마는 것입니다. 이처럼 몽골 민족이 단기간에 대제국을 건설할 수 있었던 것은 늑대와 늑대가 훈련시킨 천리마를 이용하는 전법을 잘 활용했기 때문입니다.

새끼를 낳으려고 둥지를 훔친다
뻐꾸기

뻐꾸기목 두견과 조류인 뻐꾸기는 스스로 둥지를 틀지 않고 다른 새의 둥지에 알을 낳는 것으로 유명합니다. 우리나라에서는 90%가 붉은머리오목눈이(뱁새) 둥지에 탁란하고, 나머지 10%는 딱새나 검은딱새, 제주도에서는 멧새에 탁란합니다.

  탁란은 쉽지 않습니다. 먼저 현재 알을 낳고 있는 뱁새 둥지를 찾아야 합니다. 게다가 이미 알을 품고 있으면 안 됩니다. 이제 막 알을 낳아 2~4개의 알이 있는 둥지라야 성공할 확률이 높습니다. 동작도 민첩해야 합니다. 뱁새가 둥지를 비웠을 때 10분 이내에 알을 낳아야 합니다. 알의 크기도 숙주의 알과 비슷해야 하기 때문에 몸의 길이가 33cm에 이르는 뻐꾸기의 덩치에 어울리지 않게 3.2g의 알을 낳습니다. 알을 낳은 후에는 뱁새알 가운데 하나를 먹거나 버립니다. 여기까지가 뻐꾸기 어미의 역할입니다.

나머지는 새끼 스스로 해야 합니다. 뻐꾸기 새끼는 알에서 깨어 나자마자 먼저 남아 있는 다른 뱁새알부터 둥지 밖으로 밀어냅니 다. 만약 다른 알을 밀어내지 못해 새끼가 부화하면 태어난 새끼를 밀어서 둥지 밖으로 떨어뜨립니다. 그리고는 뱁새 어미를 향해 끊 임없이 울어대면서 먹이를 달라고 졸라댑니다.

물론 뱁새도 나름의 전략이 있습니다. 뱁새는 푸른색과 흰색이 라는 서로 다른 색깔의 알을 낳습니다. 뱁새 둥지가 90cm 이상 높 은 곳에 있는 경우에는 푸른색 알의 번식률이 높습니다. 어치와 같 이 큰 새들이 주로 덤불 위쪽에서 먹이를 찾기 때문에 흰색 알은 잘 보여 쉽게 포식당하지만, 나뭇잎과 색깔이 비슷한 푸른색 알은 은폐 효과가 있어 유리합니다. 그런데 푸른색 알을 낳으면 뻐꾸기 의 알이 푸른색이어서 탁란을 허용할 수 있는 문제가 발생합니다. 뱁새가 푸른색 알만 가지고 있으면 뻐꾸기의 탁란이 증가하고, 흰 색 알만 가지고 있으면 어치에 의한 포식이 증가하기 때문에 뱁새 는 두 가지 색깔의 알을 모두 낳도록 진화했습니다. 뻐꾸기는 뱁새 알을 흉내 내고, 뱁새는 다시 새로운 무늬와 색깔의 알을 만들면서 진화의 공방이 벌어지는 것입니다.

뱁새는 둥지에 있는 알이 뻐꾸기의 알이라고 판단하면 가차 없 이 내다 버립니다. 어떤 뱁새는 뻐꾸기가 탁란을 했다고 생각되면 깨끗하게 둥지를 포기하고 새로운 둥지를 만들기도 합니다. 일부는 자신이 기른 뻐꾸기를 방치해 굶겨 죽이거나 둥지 밖으로 밀어내는 식으로 거부행동을 보이기도 합니다.

대체로 뻐꾸기의 탁란 성공률은 10% 내외입니다. 그래도 뻐꾸기가 탁란을 하는 것은 다른 새들에 비해 몸통이 크고 다리가 짧아 알을 품기 힘든 신체구조를 가지고 있기 때문입니다. 그래서 실패 확률이 높지만 다른 새의 둥지에 알을 낳는 탁란을 번식방법으로 선택한 것입니다. 알을 품지 못하는 신체적 문제 때문에 뻐꾸기는 뱁새 둥지 주변에서 기회를 노리며 기다리고 기다려야 합니다.

역발상의 전략, 행운이 행복을 가져다주지 않는다

자기계발의 전략, 선택할 수 없으면 비교하지 않는다

인내의 전략, 고통은 살아 있음을 의미한다

선택의 전략, 하나를 얻으면 하나를 버려라

배려의 전략, 51%만 이긴다

3부

행 복 을
가 져 다 주 는
배 려 의 전 략

우리는 모두 행복한 삶을 원합니다. 높은 목표를 설정하고 소중한 것을 희생하면서 열심히 노력하는 것은 성공 후의 행복을 믿기 때문입니다. 한푼 두푼을 아껴가면서 돈을 모으는 것 역시 부자가 되면 행복해질 것이라고 기대하기 때문입니다.

중고등학생을 대상으로 한 통계에 따르면 성적이 8~9등급에 해당하는 학생은 39.3%가 행복하다고 답한 반면, 1~2등급에 속한 학생은 60.7%가 행복하다고 답했다고 합니다. 행복은 성적순이 아니라고 하면서도 실제 학생들이 느끼는 행복감은 성적에 좌우되는 것입니다. 그런데 이들 학생의 집안 경제력을 살펴보니 성적과 비례하는 것으로 나타났습니다.

그런가 하면 또 다른 통계에서는 돈과 출세가 행복으로 이어지는 것이 아니라는 것을 보여줍니다. 1974년 미국의 경제학자 리처드 이스털린Richard Easterlin은 국가별 비교연구를 통해 〈경제성장과 행복수준은 반드시 정비례하지 않는다〉라는 논문을 발표했습니다. 그는 일정 수준까지는 소득이 증가하면 행복도가 높아지지만 일정 시점을 지나면 소득이 증가해도 행복도가 더 이상 증가하지 않는 현상을 발견했습니다. 이를 두고 '이스털린의 역설Easterlin Paradox'이라고 부릅니다. 제2차 세계대전이 끝나고 반세기가 지나는 동안 미국의 1인당 국내총생산은 3배 가까이 증가했지만 사람들이 느끼는 행복도는 큰 변화가 없었습니다. 일본에서도 1인당 국민소득이 6배로 증가하는 동안 행복도의 비율이 크게 달라지지 않았습니다.

영국 런던정치경제대학LSE 로버트 우스터Robert Worcester 교수가 세계 54개국의 국가별 국민 행복도를 조사한 결과 세계 최빈국인 방글라데시가 1위, 나이지리아가 3위, 인도가 5위를 기록하며 높은 행복도를 보여준 반면, 일본은 44위, 미국은 45위, 독일은 42위의 기록하여 선진국으로 불리는 나라들의 행복도가 상대적으로 낮은 것으로 나타났습니다. 물론 소득이 높을 때 더 행복을 느낀다는 통계도 없는 것은 아닙니다.

그래서 행복은 쉬운 것 같으면서도 매우 어려운 개념입니다. 사전적 정의를 살펴보면 "생활에서 충분한 만족과 기쁨을 느끼며 흐뭇함, 또는 그러한 상태"로 정의하고 있습니다. 소득과 지위 같은 객관적 조건이 아닌 개인적 심리와 관련해 설명하고, 단순한 '기쁨'과도 다르게 보는 것입니다.

버트런드 러셀Bertrand Russell은 《행복의 정복》에서 "행복한 사람은 자신이 우주를 구성하고 있는 한 성원임을 자각하고, 우주가 베푸는 아름다운 광경과 기쁨을 누린다"고 말했습니다. 생태계의 일원이라는 인식을 가지고 자연의 원리에 따라 살아갈 때 행복을 느낄 수 있다는 의미입니다. 또 행복은 '스스로 느끼는 편안한 마음'이면서 '자신의 삶에 대한 만족도'입니다.

행복에 관한 인류의 생각은 소통을 통해 효과적으로 집단생활을 하려 했던 우리의 DNA와 연관이 되어 있습니다. 나 혼자 가지거나 누리는 것 외에도 주변에 있는 사람들보다 내가 더 가졌는지 덜 가졌는지를 비교한 결과가 나의 행복에 영향을 미친다는 것입니다. '배고픈 것은 참지만, 배 아픈 것은 참지 못하는' 사람이 많은 것입니다. 그래서 친구나 친지의 일확천금, 벼락출세는 나에게 도움을 줄 수 있는 것이지만 행복을 키워주지는 않습니다. 행복에 관한 또 하나의 모순된 감정입니다.

러시아의 대문호 톨스토이는 《안나 카레니나》에서 "행복한 가정은 모두 엇비슷하고, 불행한 가정은 불행한 이유가 제각기 다르다"라고 말했습니다. 러시아 정계 최고의 정치가와 결혼해 부와 권력, 아들까지 모두 가졌지만, 늘 공허함을 느꼈던 안나 카레니나는 결국 젊은 백작 브론스키와 열정적인 사랑에 빠집니다. 그러나 남편이 이혼을 반대하고 그 과정에서 애인과 사이가 벌어지면서 좌절한 그녀는 기차에 몸을 던져 생을 마감합니다.

진화생물학자 제러드 다이아몬드는 《총, 균, 쇠》에서 '안나 카레니나의 법칙'을 말합니다. 그는 소설의 한 구절을 인용해 "흔히 성공의 이유를 한 가지 요소에서 찾으려 하지만 실제 어떤 일에서 성공을 거두려면 먼저 수많은 실패 원인을 피할 수 있어야 한다"고 주장합니다. 행복도 마찬가지입니다. 행복을 저해하는 수많은 요인을 제거해야 합니다.

새만금위원회 위원장이었던 오종남 박사는 '가진 것/바라는 것'이라는 간단한 수식으로 행복의 개념을 설명한 바 있습니다. 즉, 행복을 위해서는 바라는 기대치를 줄이거나 가진 것을 키우면 됩니다. 물론 현실적으로 가진 것을 키우기는 쉽지 않기 때문에 각자가 바라는 것을 줄인다면 누구나 행복해질 수 있다는 말이기도 합니다.

1
역발상의 전략,
행운이 행복을 가져다주지 않는다

클로버 | 감자 | 곤충

실패가 눈앞에 왔을 때가 가장 기뻐해야 할 때다.

당신이 만일 유쾌하지 않은 소식을 접했을 때

그것을 부정적으로 받아들이지 말고

변화를 위한 필요로 받아들인다면,

그 소식 때문에 의기소침하지 않을 것이다.

오히려 그것을 통해 배울 것이다.

— 빌 게이츠

우리 주변에는 일확천금을 기대하며 열심히 복권을 사는 사람들이 의외로 많습니다. 우리나라에서 1년간 판매되는 온라인 복권의 총액은 2007년 2조2000억 원에서 2016년 3조6000억 원으로 증가했습니다. 세계적으로는 2006년 1921억 달러에서 2015년 2496억 달러로 증가했습니다.

최근 발표된 통계에 따르면 벼락 맞을 확률이 대략 70만분의 1인데 로또에 당첨될 확률은 그 10분의 1도 안 되는 814만분의 1이라고 합니다. 그만큼 엄청난 행운이 필요합니다. 문제는 복권에 당첨되더라도 행복으로 이어지지 않는다는 것입니다. 복권에 당첨된 사람이 친구와 원수가 되거나, 흥청망청 돈을 쓰다 오히려 거지가 되어 자살을 선택했다는 뉴스가 심심치 않게 전해지고 있습니다. 강원랜드나 라스베이거스 같은 도박장에서 잭팟을 터뜨린 사람들의 말로도 그리 좋지 않습니다. 한 번의 행운이 계속되리라는 믿음에 눈이 멀게 되면 더 이상 행복을 누릴 수 없습니다.

자연에서는 로또 같은 행운을 쉽게 만날 수 없습니다. 포식자 입장에서는 숲속을 거닐다가 우연히 동물의 사체를 발견하거나, 남이 사냥한 것을 빼앗을 때, 또는 먹을 것이 풍부한 장소를 만나 배부르게 먹을 수 있는 정도가 최대한의 행운일 것입니다. 피식자 입장에서는 무서운 맹수의 공격을 용케 피해 살아남는 게 행운일 겁니다. 따라서 생태계에서 지금까지 건강하게 살아남았다는 것은 그 자체만으로도 엄청난 행운입니다. 포식자가 즐비한 야생에서 천적을 만나지 않고 생존했다는 것은 어제도 행운이 있었고, 오늘도 행운이 계속되었다는 것을 의미합니다.

또 주관적인 만족감이기도 한 행복과 불행을 결정하는 조건은 마치 날씨와도 같습니다. 아무리 사나운 폭풍우도 시간이 지나면 가라앉기 마련입니다. 만약 스스로 불행을 극복할 용기가 있는 사람이라면 불행이 곧 지나가리라는 것을 알고 견뎌낼 수 있습니다. 용기가 없는 사람이라도 불행을 불행이라고 느끼지 못하면 불행이 이내 자취를 감출 것입니다. 그러니 제아무리 큰 불행을 겪더라도 절망할 필요는 없습니다.

마틴 셀리그먼Martin Seligman은 "머피의 법칙과 샐리의 법칙이 각자의 마음속에서 결정된다"고 말했습니다. 머피의 법칙(불운의 법칙)은 불운이 꼬리에 꼬리를 물고 이어지는 것을 의미합니다. 반면 샐리의 법칙(행운의 법칙)은 하는 일마다 잘되는 것을 의미합니다. 좋은 일과 나쁜 일은 누구에게나 공평하게 일어납니다. 그것을 어떻게 대하고 처리하느냐에 따라 '머피의 법칙'이 되기도 하고, '샐리의 법칙'이 되기도 합니다. 지하철을 놓쳤다고 짜증을 내면 모든 일이 눈에 거슬리고 혈압도 오릅니다. 다른 사람에게도 부정적인 기운이 작용해 결국 될 일도 안 됩니다. 긍정적으로 생각하고 행동하는 사람에겐 긍정적인 반응이 기다리고, 부정적으로 생각하고 행동하는 사람에겐 부정적인 반응이 나타날 것입니다.

행운을 위해 행복을 짓밟지 말라
클로버

어린 시절, 누구나 네잎 클로버를 찾기 위해 잔디밭을 뒤져본 경험이 있을 겁니다. 행운의 상징인 네잎 클로버를 찾기 위해 사방을 뒤지다가 하나라도 발견하면 곧바로 책갈피에 끼워 곱게 말린 뒤, 비닐로 코팅해 간직하고는 했습니다.

네잎 클로버에 대해 가장 잘 알려진 에피소드는 나폴레옹이 말의 안장에 앉아 전투에 참여했다가 네잎 클로버를 발견하고는 고개를 숙인 덕분에 총알을 피했다는 것입니다. 그런가 하면 성 패트릭 신부는 클로버의 세 잎을 '사랑·희망·신앙'의 일체에 비유하고, 네잎 클로버를 '사랑의 성취'라고 했습니다.

그러나 수많은 세잎 클로버 속에서 네잎 클로버를 찾는 것은 쉽지 않았습니다. 클로버 동산을 한참 뒤지다가 빈손으로 돌아온 경우도 한두 번이 아니었습니다. 네잎 클로버를 직접 찾아본 사람은 잘 알겠지만, 토질이 비옥하고 환경이 좋은 곳에서는 찾기 어렵습니다. 네잎 클로버는 생장점에 상처를 입었을 때 생기는 변이의 일종이기 때문에 사람의 왕래가 많은 길가나, 돌멩이 같은 장애물이 있는 곳에서 드물게 발견됩니다.

그런데 많은 사람들이 네잎 클로버가 행운의 상징인 것은 잘 알고 있지만, 세잎 클로버가 행복의 상징이라는 것을 모르는 사람이 의외로 많습니다. 우리 모두가 행운을 바라며 네잎 클로버를 찾고 있을 때 행복의 상징인 세잎 클로버는 우리 주변에서 늘 우리를 기다리고 있는 것입니다.

행복은 일상의 소소한 일들에서 찾을 수 있습니다. 우리가 너무 많은 것을 바라지 않는다면, 다른 사람과 비교하는 것을 멈춘다면, 주변에서 쉽게 찾아 진다는 것입니다. 복권에 당첨되기를 바라는 것처럼, 넓은 동산에서 네잎 클로버를 찾는 것처럼, 엄청난 행운을 갖는다는 것은 쉬운 일이 아닙니다. 그래서 손에 닿지 않는 행운을 찾기 위해 바로 주변에서 발견할 수 있는 행복을 짓밟고 있지는 않은지 다시 한번 생각해보아야 합니다.

한때의 축복이 고통의 원인이 되다
감자

감자는 7000년 전 페루 남부 티티카카 지방에서 처음 재배된 것으로 추정됩니다. 16세기에 잉카제국을 멸망시킨 스페인에 의해 유럽에 전해졌습니다. 유엔식량농업기구FAO에 따르면 감자는 $1m^3$의 물을 공급하면 5600cal의 에너지를 생산하는 매우 효율적인 식량원입니다. 밀의 2.4배, 쌀의 2.8배에 달하는 수치입니다.

감자는 유럽 사람들에게 행운의 선물과도 같은 존재였습니다. 기후조건이 좋지 않아도 다른 곡식보다 많은 수확물을 가져다주어 당시 굶주림에 시달리던 유럽 사람들의 식량문제를 단번에 해결해 주었기 때문입니다. 또 감자를 주식으로 삼으면서 보리나 귀리와 같은 곡식과 지푸라기 등을 가축사료로 사용하게 되어 가축생산량 도 크게 증가했습니다. 식량문제를 해결하게 되면서 인구도 지속 적으로 증가했습니다.

특히 아일랜드 사람들에게는 가뭄에 내리는 단비 같은 역할을 했습니다. 아일랜드는 기후가 척박하고, 당시에는 영국인 지주들 에게 식량의 대부분을 빼앗기며 근근이 살아가고 있었기 때문입니 다. 아일랜드 기후에서도 잘 자라는 감자로 인해 배고픔 문제가 해 소되자 아일랜드 인구는 1754년 320만 명에서 1845년 820만 명까 지 늘어났습니다.

그런데 1845~1852년에 이르러 감자마름병이 아일랜드를 강타 했습니다. 그동안 감자를 주식으로 삼아왔던 아일랜드 사람들은 충격에 빠지게 됩니다. 심지어 100만여 명이 굶어 죽기도 했습니 다. 이에 아일랜드인들은 당시 유럽에서 추진하던 신대륙 개척에 앞장서서 새로운 터전을 찾아 떠납니다. 당시 고향을 등진 아일랜 드인의 숫자가 무려 200만 명에 달했다고 합니다. 한때 민족을 살린 행운이 갑자기 민족을 위기에 빠뜨리는 재앙으로 돌변한 것입니다.

이처럼 공동체에 축복을 안겨준 행운이 순식간에 재앙의 씨앗이 되기도 합니다. 행운의 축복을 누리는 동안에도 그것이 가져올 위협요소를 파악하여 언젠가 닥칠지 모를 위기에 대응하는 지혜가 필요합니다.

우리는 미래의 식량자원이다
곤충

영화 〈설국열차〉에는 절대 권력자를 위시한 상류층과 춥고 배고픔을 견뎌야 하는 하류층 사람들이 등장합니다. 그런데 빈민굴과도 같은 열차칸에서 생활하는 하류층 사람들에게는 양갱과 비슷한 '단백질 블록'이 음식으로 제공됩니다. 나중에 그 단백질 블록의 원재료가 바퀴벌레 같은 곤충이라고 밝혀지면서 많은 사람들에게 충격을 주었습니다.

그런데 세계 많은 곳에서 이미 오래전부터 곤충을 먹어왔습니다. 지금도 전 세계에서 20억 명의 인구가 곤충을 먹고 있으며, 식량으로 쓰이는 곤충도 2000여 종에 달합니다. 우리나라에서 공식적으로 인정되는 식용곤충은 메뚜기, 누에번데기, 백강잠을 포함한7종입니다.

주로 아프리카와 아시아에서 곤충을 먹지만, 최근에는 미국과 유럽에서도 곤충을 가공한 식품이 인기를 얻고 있습니다. 미국에서는 식용곤충을 넣은 에너지바, 시리얼, 통조림 등이 유통되고 있고, 네덜란드에서는 곤충과자, 곤충햄버거 등을 슈퍼마켓에서 팔고 있습니다. 가장 인기 있는 종류는 딱정벌레, 나비, 나방 애벌레, 벌, 개미, 메뚜기, 귀뚜라미 등입니다. 사람이 직접 먹기도 하지만 가축사료로도 쓰입니다. 단백질, 지방, 비타민, 미네랄이 풍부한 건강식품에 속하고, 약용으로도 쓰입니다.

곤충이 미래의 식량자원으로 부상하게 된 이유는 바로 급격히 늘어난 육식 때문입니다. 가축을 대량으로 생산하는 데 따르는 다양한 환경 문제들이 곤충을 식량자원으로 바라보게 한 것입니다. 첫째는 곤충의 높은 에너지 변환 효율입니다. 소의 체중을 1kg 늘리려면 10kg의 사료가 필요합니다. 또 돼지는 5kg, 닭은 2.5kg의 사료가 필요합니다. 그에 반해 귀뚜라미는 1.7kg 정도에 불과합니다. 곤충은 변온동물이기 때문에 체온을 유지하기 위한 에너지가 필요 없어 사료의 효율성이 높습니다. 게다가 귀뚜라미 한 마리에서 먹을 수 있는 부위의 비율은 80%에 달합니다. 식용 가능한 부위와 사료의 소비량을 종합했을 때 귀뚜라미가 소보다 훨씬 효율적인 식량인 셈입니다.

둘째는 육식 증가로 발생한 심각한 온실가스 배출량 증가입니다. 축산으로 인한 온실가스 배출량은 전 세계 배출량의 18%에 달합니다. 그런데 대부분의 곤충은 메탄과 아산화질소와 같은 지구온난화 가스를 배출하지 않습니다. 또한 가축의 대량사육으로 발생하는 축산폐수로 인한 수질오염이나 토양오염을 일으키지 않고, 조류 인플루엔자, 브루셀라증과 같은 인수공통 전염병 문제를 일으키지 않는 것도 식용 곤충의 장점입니다.

곤충을 약용으로 사용하기 위한 시도도 크게 늘고 있습니다. 특허청에 따르면 곤충 소재의 의약품 관련 특허가 2005년 2건에서 2014년 26건으로 늘었습니다. 곤충이 만들어내는 생체방어물질을 이용해 암, 치매, 심혈관계 질환, 알레르기 등을 치료하고 있다고 합니다. 애기뿔소똥구리에서 추출한 '코프리신'은 여드름과 같은 피부 병원균에 항균효과가 있으며, 왕지네가 분비하는 '스콜로펜드라신1'은 아토피 피부염에 효과가 있습니다. 누에를 수증기로 쪄서 말린 '숙잠'은 알코올성 지방간과 위염에 좋고, 숙취해소 효과도 탁월하다고 합니다.

2
자기계발의 전략,
선택할 수 없으면 비교하지 않는다

심해아귀 | 주혈흡충 | 가젤

행복한 삶을 가져다주는 적합한 모든 것들이

자기 자신 안에 있고,

다른 사람들의 행운과 불행에 기대지 않으며,

타인의 사건들에 의해 흔들리지 않는다면,

이런 사람에게는 가장 행복하게 사는 이치가 마련된 것이다.

– 소크라테스

한 직장인이 회사에 많은 이익을 가져다주어 연말 보너스를 받았습니다. 월급보다 훨씬 많은 1000만 원을 받고 가족에게 자랑했습니다.

"지난 한 해 내가 열심히 일한 것에 대해 회사로부터 인정을 받았어. 내년에는 더 큰 성과를 내서 회사의 배려에 보답해야겠어."

그런데 1주일 후 동료가 보너스로 2000만 원을 받았다는 사실을 알게 되었습니다. 그러자 갑자기 생각이 바뀝니다.

"내가 무엇을 잘못해서 저 친구보다 1000만 원을 적게 받았지? 내 성과와 능력을 믿지 않는 것 아냐?"

똑같은 1000만 원의 보너스지만, 나와 다른 사람을 비교함으로써 생각이 180도 바뀐 것입니다.

그런가 하면 아이들에게 가장 큰 공포의 대상은 엄마 친구의 아들이라고 불리는 '엄친아'입니다. 엄마에게 다른 집 아이들의 이야기를 듣고 있자면, 늘 자신이 남들보다 공부도 못하고 재능도 없는 것처럼 보이기 때문입니다. 엄마가 듣고 온 엄마 친구 아들은 공부는 물론이고, 친절한 데다가 인사성도 밝고, 어른들의 말도 정말 잘 듣는 슈퍼맨처럼 느껴져 도저히 따라할 수 없다고합니다.

이처럼 우리는 날마다 남들과 자신을 비교하면서 살아갑니다. 아파트 평수를 비교하고 아이들의 학교를 비교합니다. 남편의 직급과 연봉을 비교하고 집안일을 얼마나 도와주는지도 비교합니다. 그러고는 자신이 남들보다 행복하지 않다고 비관합니다.

물론 올바른 비교는 자신과 남들 사이의 차이를 확인하고 자신이 상대적으로 부족한 것은 무엇인지, 또 우수한 것은 무엇인지를 깨닫고 발전할 수 있는 기회를 마련해 줍니다. 그래서 문화와 학문의 진전에도 비교와 보완의 방법이 많이 활용됩니다. 비교정치학, 비교행동학, 비교경제학, 비교분석론 등 거의 모든 학문에서 '비교'라는 방법론을 사용하고 있습니다. 또 가격과 품질을 비교해 좋은 상품을 고르는 일도 일생생활에서 수시로 이루어집니다. 직장을 선택할 때 근무조건과 보수, 사회적인 평판 등을 비교하고, 직원을 뽑을 때도 지원자들의 역량을 비교하고 평가해 더 나은 인재를 뽑습니다.

그런데 선택이 불가능한 것을 비교할 때 문제가 발생합니다. 자식은 바꿀 수 없습니다. 그러니 나의 아들과 다른 사람의 아들을 비교하는 것은 의미가 없습니다. 만약 친구의 남편과 비교한다면 남편에게 깊은 마음의 상처만 남길 것입니다. 이렇게 선택이 불가능한 것들을 비교하면 자신의 불행만 키울 뿐입니다.

자연에서는 DNA를 통해 태어나기 전부터 생존방식이 정해져 있으므로 자신이 선택할 수 있는 것들이 많지 않습니다. 나무는 자신의 터전을 선택할 수 없습니다. 그저 자신에게 주어진 땅에 굳건히 뿌리를 내릴 뿐입니다. 다른 나무와 비교하지 않고 자신에게 주어진 여건에 따라 묵묵히 뿌리를 내립니다. 또 고라니도 늑대와 자신을 비교하지 않습니다. 그저 자신에게 주어진 튼튼한 이빨을 이용해서 풀을 뜯고, 자손을 낳기 위해 노력할 뿐입니다. 만약 자신이 선택할 수 없는 상황에서 비교하고 부러워하면 불행만을 느끼게 됩니다. 단, 선택하고 변화할 수 있다면 우리는 충분히 비교해 더 나은 삶을 살아가야 합니다.

한몸으로 살면서도 다른 짝을 찾는다
심해아귀

심해아귀는 수심 1~2km의 칠흑 같은 심해에 사는 물고기입니다. 암컷은 몸길이가 60cm 정도이고, 촉수 끝에 빛을 내는 세균이 들어 있는 작은 주머니를 가지고 있어 그 빛으로 작은 물고기를 유인해서 잡아먹습니다. 수컷은 암컷의 50분의 1 정도로 몸집이 작고, 촉수나 큰 입 등이 없어 아무것도 없는 존재처럼 보입니다.

심해아귀는 개체수가 많지 않고 생활환경이 매우 어둡기 때문에 암컷과 수컷이 쉽게 만날 수 없습니다. 따라서 암수가 만나면 수컷은 암컷의 배에 구멍을 뚫어 암컷으로부터 영양분을 빨아들여 살아갑니다. 암컷은 수컷을 먹여 살리고, 수컷은 암컷에게 정자를 제공하며 각자의 역할을 분담하는 것입니다. 얼핏 보면 기생관계인 것처럼 보이지만, 정자를 생산해서 공급하기 때문에 엄밀하게 말하면 공생관계입니다.

암컷은 유전적 다양성을 위해 종종 다른 수컷을 받아들이기도 합니다. 겉으로 보기에는 두 마리의 수컷을 달고 다니는 것 같지만, 실제로는 기존의 수컷이 버림을 받은 상황이라 할 수 있습니다.

이처럼 이성을 만나기 어려운 환경에서 살아가는 아귀 입장에서는 다른 물고기의 짝짓기 방식을 부러워할 수도 있습니다. 그러나 심해아귀는 다른 물고기의 방식을 따르지 않고, 자신에게 주어진 조건에서 최선을 다하는 방식을 택했습니다. 심해아귀의 처절한 생존방식에서 한편으로 안타까운 마음이 생깁니다.

알을 낳아야만 버틸 수 있다
주혈흡충

매년 약 2억 명의 인구에게 빌하르츠병Bilharzia이나 주혈흡충병Schistosomiasis을 일으키는 주혈흡충은 새끼를 엄청 많이 낳아서 후손을 유지하는 기생충의 일종입니다.

크기가 1~2cm가량인 주혈흡충의 생애주기는 매우 독특합니다. 담수고둥의 몸에서 생을 시작하는데, 고둥의 몸에서 나오고 8시간 안에 인간이라는 숙주를 만나지 못하면 죽습니다. 운 좋게 인간을 만나면 사람의 피부를 뚫고 들어가 혈관을 타고 폐로 침투합니다. 폐에 도달하면 인간의 면역계가 인식하지 못하도록 단백질 보호막을 만들고 2~3일 동안 숨어 있다가 다시 혈관으로 들어가 방광이나 장 근처에 있는 작은 혈관에 도착해 짝짓기 상대를 찾습니다.

짝짓기 상대를 찾을 확률은 극히 희박하지만, 상대를 찾으면 짝짓기가 30년 동안 이어집니다. 그리고 하루에 대략 300~3500개의 알을 낳습니다. 30년이면 적어도 300만 개가 넘는 알을 낳는 것입니다. 그중 절반은 인간 숙주의 몸에 흡수되어 혈뇨, 혈변 등의 문제를 일으킵니다. 주혈흡충의 사랑이 인간에게는 엄청난 고통을 주는 질병이 되는 것입니다.

나머지 절반은 대소변을 통해 인간의 몸 밖으로 배출됩니다. 그중 운 좋게 물로 돌아간 개체는 다시 고둥의 몸에 들어가 새로운 삶을 이어갑니다. 그러나 짝짓기 상대를 만나기 위해 숙주를 옮겨가고 30년 동안 300만 개나 되는 알을 낳아야 하는 일은 삶을 위한 보험이라고 하기엔 너무 힘들어 보입니다.

급격한 방향전환으로 천적을 따돌린다
가젤

치타는 지구상에서 가장 빠른 육상동물입니다. 전력으로 질주하면 시속 110km 이상으로 달릴 수 있습니다. 치타가 주로 먹잇감으로 노리는 가젤의 속도는 시속 70~80km입니다. 이런 속도의 차이에도 불구하고 치타가 사냥에 성공할 확률은 70% 수준입니다. 70%도 낮은 확률은 아니지만, 치타가 가젤 사냥에 특화하여 많은 것을 희생했다는 점을 감안하면 실패하는 확률이 적지 않은 셈입니다.

가젤은 통통 튀는 독특한 주법을 이용해 지그재그로 계속 방향을 바꾸면서 치타에게서 도망칩니다. 이따금 '퀵 턴'을 해서 방향을 완전히 바꾸기도 합니다. 그러면 직선에서만 최고속력을 낼 수 있는 치타는 가젤을 따라잡을 수 없습니다.

소목 솟과의 가젤은 아프리카, 아라비아반도, 인도, 티베트, 몽골 등 사바나나 사막 등 건조한 지역에 사는 초식동물입니다. 가젤은 비교적 빠르게 달릴 수 있어 사자나 하이에나 등으로부터 쉽게 벗어날 수 있지만, 육식동물 중에서 가장 빠른 치타의 사냥에서만큼은 쉽게 벗어나지 못합니다. 치타는 사자나 하이에나가 잡기 어려운 가젤 사냥에 집중하기 위해 콧구멍, 폐를 키우고 몸무게와 턱, 이빨을 줄여 속도를 늘였습니다. 그러나 속도를 늘리는 전략은 오래 달릴 수 있는 지구력을 약화시켰습니다. 그래서 가젤은 급한 방향 전환 기술을 개발해 도망가는 거리를 늘리는 방법으로 치타에 맞서게 되었습니다.

치타는 가젤을 잡기 위해 달리는 속도를 키우고, 가젤은 치타로부터 벗어나기 위한 도망 기술을 개발하며 점점 진화한 것입니다. 지금도 아프리카 초원에서는 둘의 진화 경쟁이 지속되고 있습니다.

3
인내의 전략,
고통은 살아 있음을 의미한다

거미 | 흰올빼미 | 작은멋쟁이나비

힘들어야 위대해진다.

연습이 즐겁다면 성장하고 있는 것이 아니다.

근육이 자라려면 긴장과 부담을 통해

근섬유가 찢어져 늘어나야 한다.

기술과 지식이 개발되는 방식도 똑같다.

고통을 헤치고 숙련을 향해 매진하는 사람에게 영광이 있다.

자기 노력의 극한까지 가야 한다.

녹초가 될 정도로 기를 쓰지 않는다면

충분히 노력하는 게 아니다. – 제프 고인스, 《일의 기술》 중에서

남태평양의 사모아섬은 바다거북의 산란 장소로 유명합니다. 봄이면 바다거북들이 해변으로 올라와 모래 구덩이를 파고 알을 낳습니다. 알에서 깨어난 새끼들이 바다를 향해 기어가며 해변을 가득 채우는 모습은 그야말로 장관입니다. 거북의 모성본능과 회귀본능이 만들어낸 자연의 기적이라 할 수 있습니다.

해양학자들은 바다거북이 알을 낳을 때 고통을 느끼지 않는다면 어떻게 될 것인지 실험을 해봤습니다. 그런데 놀랍게도 진통제를 맞은 거북은 알을 낳은 뒤 그 알을 모조리 먹어 치웠습니다. 이를 두고 과학자들은 바다거북이 알을 낳을 때 고통을 느끼지 않아 모성 본능이 일어나지 않은 것이라고 추정하고 있습니다.

우리는 살면서 많은 고통을 겪습니다. 고통에는 몸의 아픔을 의미하는 신체적 고통과 마음의 아픔을 의미하는 사회적 고통이 있습니다. 누구나 고통을 피하려 하지만, 우리 삶에서 고통은 반드시 필요하다는 점을 기억해야 합니다. 고통을 제대로 느끼지 못하거나 경험하지 못한 동물은 자신의 수명을 온전하게 누릴 수 없기 때문입니다.

신체적 고통은 육체의 건강을 유지하기 위해 필수적입니다. 뜨거운 물에 손을 데고 다리에 못이 박혀도, 고통을 느끼지 않으면 치료를 받지 않게 됩니다. 그렇게 되면 상처가 악화되며 결국에는 목숨을 잃을 수도 있습니다. 암, 당뇨, 고혈압 등의 성인병이 사회문제가 된 것도 초기 단계에서 질병을 발견할 수 있는 신체적 고통이 크지 않아 치료 시기를 놓치게 되는 경우가 많기 때문입니다.

외로움, 배신감, 이별의 아픔 등을 의미하는 사회적 고통은 주로 인간관계에 문제가 생길 때 나타납니다. 소통을 통해 생존력을 강화했던 인간의 뇌는 마음의 상처도 아픔과 고통으로 느끼도록 진화했고, 그 덕분에 심각한 고립으로부터 자신을 지킬 수 있게 되었습니다. 이처럼 고통은 생존에 위협이 되는 요인들을 미리 제거할 수 있게 해주는 일종의 호루라기이고, 경고등입니다.

이러한 고통에 대응하는 능력을 '방어기제'라고 합니다. 예를 들어 몸에 조그만 상처가 나서 피가 흐르기 시작하면 혈액응고제가 나와 지혈을 합니다. 또 누군가 나를 때리려 하면 자신도 모르게 몸을 움츠립니다. 많은 사람들 앞에서 연설하는 것처럼 어려운 일을 겪을 때 손에 땀이 나고 심장이 쿵쾅거리는 것도 모두 심리적 충격에 대응하는 방어기제가 작동한 것입니다.

고통이 필요하다고 하나 우리는 항상 고통을 피하려고 합니다. 고통을 싫어하는 것처럼 어둠도 싫어합니다. 그러나 고통처럼 어둠도 우리에게 몸과 마음을 쉬게 하며, 재충전의 시간을 가져다 줍니다. 만약 밝은 대낮만이 계속 이어진다면 우리는 며칠 지나지 않아 모두 쓰러지고 말 것입니다. 또 어둠과 마찬가지로 비가 내리고 천둥과 벼락이 치는 날이 있어야 토양이 생명력을 갖추게 됩니다. 뜨거운 태양이 쉴 새 없이 내리쬐면 지구의 모든 대지는 이내 사막으로 변하고 말 것입니다.

이처럼 낮과 밤, 비바람과 폭풍우 모두 우리 삶의 일부입니다. 물론 늘 좋은 일만 가득하기를 갈망하지만, 세상의 모든 일이 생각처럼 돌아가지 않습니다. 어둠이 있어야 빛이 더욱 빛나듯 시련이 있어야 삶은 더욱 풍요로워집니다.

카를 힐티Carl Hilty는 《행복론》에서 "세상의 풍부한 경험을 쌓은 많은 사람들에 따르면 인생에 있어서 가장 견디기 어려운 것은 나쁜 날씨가 계속되는 것이 아니라 구름 한 점 없는 날이 계속된다는 것이다"라고 말합니다. 우리가 나쁜 기상조건이라고 생각하는 비바람과 폭풍우, 폭설과 태풍 등이 대지에 수분을 공급하고, 식물의 뿌리를 깊게 내리게 하고, 동물의 생존력을 단련시키는 것입니다.

자연 생태계도 바깥에서 보면 풍성하고 화려하게 보이지만, 생명을 유지하는 각각의 생명체 입장에서 보면 항상 무언가 부족하고 고통을 주는 것들뿐입니다. 우리의 자연은 많은 생명체에게 결핍과 죽음의 위험 속에서 생존을 위해 몸부림치게 하지만, 결국 그러한 고통을 통해 생명의 힘을 단련시키고 삶의 의미를 키우도록 도와주고 있는 것입니다.

수컷을 잡아먹어 자식을 키운다

거미

프랑스인 1000명을 대상으로 무엇을 가장 무서워하는지 설문조사를 실시한 적이 있습니다. 조사 결과 뱀을 가장 무서워했고, 현기증, 거미, 쥐가 뒤를 이었습니다. 뱀이나 거미를 무서워하는 이유는 아마도 주로 음침한 곳에 살고, 자신보다 큰 동물도 그물이나 독을 이용해 잡아먹을 수 있다는 것에 대한 두려움 때문이라고 추측할 수 있습니다.

세계적으로 4만4000종 이상의 거미가 살고 있으며 거의 모든 거미가 독을 가지고 있습니다. 거미의 독은 대부분 신경독소인데 인간에게는 큰 피해를 주지 않습니다. 거미의 독이 인간에게 큰 피해를 주지 않는 이유는 거미의 독니가 인간의 피부를 뚫지 못하거나, 독의 양이 적거나, 독이 인체에서 화학반응을 일으키지 않기 때문입니다.

우리가 기억해야 할 것은 거미가 없다면 지구상에 큰 문제가 발생할 수도 있다는 것입니다. 바로 곤충의 창궐입니다. 영국에서는 거미들이 영국 사람들의 몸무게를 합한 것보다 많은 양의 곤충을 잡아먹는다고 합니다.

그런데 거미들이 짝짓기를 하는 동안 암컷 거미는 수컷 거미를 잡아먹습니다. 격정적인 짝짓기 과정에서 강한 식욕을 느낀 암컷 거미가 가장 가까운 단백질원인 수컷을 머리부터 먹어치우는 것입니다. 이와 비슷하게 사마귀도 짝짓기 도중 수컷을 먹습니다.

그래서 어떤 수컷 거미는 죽음을 피하기 위한 전략을 세우기도 합니다. 주로 짝짓기를 하기 전에 먹이를 가져가서 암컷을 유혹하는 방법을 사용합니다. 먹이의 크기가 클수록 짝짓기 시간도 길어지고 수정시킬 수 있는 알도 더 많아집니다. 심지어 투명한 고치에 먹이를 포장해서 가져오는 집단도 있습니다. 이렇게 하면 고치를 뜯는데 시간이 걸려 짝짓기 시간을 오래 유지할 수 있기 때문입니다.

그중에는 속이 빈 고치만을 가져다주는 거미도 있습니다. 암컷이 속은 것을 알 때쯤이면 수컷은 짝짓기를 마치고 도망을 갔습니다. 수컷 거미에게는 다른 암컷과 또 짝짓기를 할 수 있는 기회가 생길 수 있겠지만 수컷을 섭취해 건강한 후손을 만들고자 하는 암컷의 계획은 완전히 틀어진 셈입니다.

첫째만 살리는 선택도 고통이다
흰올빼미

툰드라 지역에 사는 흰올빼미는 올빼미목 올빼밋과 조류입니다.

몸길이는 50~60cm로 비교적 큰 편이고, 초목이 잘 자라지 않는 황무지나 툰드라의 구릉지대에 살면서 족제비, 두더지, 쥐 등의 동물성 먹이를 주로 먹습니다.

흰올빼미가 겨울철에 주식으로 삼는 먹잇감은 나그네쥐라고 불리는 레밍입니다. 그런데 레밍의 개체수가 어떤 해에는 엄청 많다가 다음 해에는 크게 줄어드는 등 흰올빼미가 예측하기 어려운 수준으로 크게 변합니다(레밍에 관해서는 195p 참조). 그래서 흰올빼미는 독특한 번식방법을 개발했습니다. 바로 자신이 키울 자식의 숫자를 레밍의 개체수에 맞추는 것입니다.

흰올빼미는 한 번에 하나씩, 1년에 5~10개의 알을 낳습니다. 첫 번째 새끼는 부모가 가져다주는 먹이를 배부르게 먹고 무럭무럭 자랍니다. 그런데 두 번째, 세 번째 새끼부터는 상황이 달라집니다. 어미는 자신이 잡아온 레밍을 첫째에게는 원하는 만큼 충분히 주고, 남은 먹이를 둘째에게, 그리고 또 남은 먹이를 셋째에게 주는 식으로 먹입니다.

그러면 첫째는 늘 배불리 먹고 건강하게 자라지만, 둘째부터는 먹이가 풍부해야만 살아남을 수 있습니다. 흰올빼미 입장에서는 부족한 먹이로 인해 한 마리도 살아남지 못하는 불상사를 피하기 위한 보험전략인 것입니다. 물론 배가 고프다고 울부짖는 나머지 새끼들을 챙기지 못하는 고통을 감내해야 하는 것은 어미의 몫입니다.

　이러한 양육 방식은 황무지나 툰드라처럼 먹잇감이 부족한 지역에서 한 마리라도 확실히 살려야 한다는 절박감이 만들어낸 것입니다. 마치 지난 1960~70년대 산업화시대에 큰아들은 공부를 시키고, 나머지 자식들은 방치했던 우리 농촌의 가정을 떠오르게 합니다.

생존을 위해 집단이동을 하다
작은멋쟁이나비

나비목 네발나빗과 곤충인 작은멋쟁이나비 Painted Lady 는 짙은 노란색에 검정 무늬와 흰 무늬를 뽐내는 나비입니다. 남극을 제외한 세계 각지에 널리 분포해 있으며, 개체수도 많습니다. 우리나라에서는 주로 가을에 코스모스 군락에서 대규모로 군집을 이루어 날아다니는 모습을 볼 수 있습니다.

　작은멋쟁이나비 중 아프리카 지역에서 태어난 개체들은 건기에 대규모로 무리를 지어 바다 건너 유럽까지 장거리 이동을 하는 것으로 유명합니다. 특히 사하라사막 이남 사헬 지역(사하라사막 남부와 수단의 사바나 지역 사이에 위치한 초목지대)에 사는 나비들은 평균

강수량을 상회하는 시기에 개체수가 급격하게 늘어나고, 건기가 되어 가뭄이 심해지면 먹잇감이 부족해져 생존이 어려워집니다. 그러면 유럽 대륙을 향해 대규모로 이동을 시작합니다. 만약 집단의 규모가 작으면 지중해까지 이동하고, 집단의 규모가 급격하게 늘어나면 알프스를 넘어 시베리아 남부까지 이동합니다.

작은멋쟁이나비는 고온다습한 여름 기후 지역에서 주로 자라는 식물을 먹고 살기 때문에 식량이 부족할 때 집단여행을 떠나야 합니다. 기나긴 여행 끝에 목적지에 도착하면 엉겅퀴 같은 식물에 알을 낳습니다. 그리고 알에서 깨어난 애벌레는 번데기가 되었다가 나비가 되어 지중해를 향합니다. 그러고는 아프리카까지 귀환비행을 합니다.

작은멋쟁이나비는 알이나 유충의 형태로 겨울잠을 자지 않기 때문에 자신에게 맞는 기후조건을 찾아 이동하는 전략을 세운 것입니다. 그렇게 오랜 시간에 걸쳐 이동을 마치고 나면 힘이 다 빠져 날개가 '떨어져나갈 것'처럼 보인다고 합니다.

앞으로 지구온난화로 기후의 변동성이 커지면 작은멋쟁이나비의 개체수에도 변화가 커질 것입니다. 그러면 생존을 위해 장거리를 여행해야 하는 작은멋쟁이나비의 연약한 날갯짓은 더욱 힘들어질 것입니다.

4
선택의 전략,
하나를 얻으면 하나를 버려라

고래 | 기린 | 타조

당신이 부자가 되고자 하면 부자가 될 것이다.

당신이 선한 사람이 되고자 하면 선한 사람이 될 것이다.

배우고자 하면 배울 것이다.

하지만 딱 하나만 바라라.

그와 동시에 같이할 수 없는 수백 가지 일들을

그만큼 간절히 바라지 말라.

– 윌리엄 존스

박쥐의 눈, 닭의 이빨, 타조의 날개, 파충류의 아가미, 고래의 뒷다리 등은 필요성이 줄어들어 퇴화한 흔적기관입니다. 진화의 과정에서 더 이상 필요하지 않게 되어 점점 기능과 크기를 줄여가다 보니 이제는 흔적만 남아 있는 것입니다.

어떤 생명체보다 진화의 속도가 빨랐던 인간에게도 흔적기관이 많이 남아 있습니다. 직립보행을 하면서 필요 없어진 꼬리뼈, 거친 풀을 먹지 않아 필요 없어진 사랑니와 맹장이 대표적인 흔적기관입니다. 추울 때나 무서울 때 돋아나는 닭살(소름)도 마찬가지입니다.

새로운 것을 받아들이면 과거의 것들을 버릴 줄 알아야 합니다. 모든 것을 다 가질 수는 없습니다. 진화의 자연선택 과정도 현재나 미래에 필요한 것을 선택하고 그렇지 않은 것을 버리는 과정입니다. 익숙하지만 필요 없는 것은 버리되, 낯설지만 필요한 것을 받아들여 내 것으로 만들어야 변화하는 세계에 적응하고 살아남을 수 있습니다.

생태계 동식물 중에는 한 가지 기능에 특화하고 다른 기능을 축소시키거나 퇴화시키는 경우가 많습니다. 하늘을 날던 새가 육지에 정착하면서 날개를 퇴화시킵니다. 땅 위에서 살던 포유류가 바다에 정착하면서 다리와 다리에 붙은 근육을 퇴화시킵니다.

이러한 변화의 방향은 주변의 환경을 고려하여 결정하지만, 적 또는 상대방의 행태나 능력에 대한 판단도 아주 중요합니다. 자신의 생존능력을 강화하고 상대방의 무기나 방어막을 물리쳐야 하기 때문입니다. 예를 들어 식물은 곤충의 공격을 막기 위해 독성물질을 만들어 자신을 방어합니다. 그러면 곤충은 식물의 독을 해소하는 능력을 개발합니다. 그런데 모든 문제를 해결하는 능력은 생태계 어디에도 존재하지 않습니다.

일부 곤충은 한 종류의 식물에 대한 방어책을 만들고 그 식물만을 먹이로 삼습니다. 식물의 방어전략이 동물인 곤충의 진화 방향을 결정한 것입니다. 예를 들어 배추흰나비 유충은 양배추 등의 유채과 식물만 먹습니다. 유채과 식물이 자신을 지키기 위해 겨자유라는 물질을 만들어내기 때문에 배추흰나비 유충은 겨자유를 극복하는 방법을 터득한 것입니다. 그러나 다른 식물의 방어물질에는 속수무책입니다. 또한 호랑나비 유충은 밀감과 식물만 먹습니다. 밀감과 식물이 방출하는 플라보노이드Flavonoid라는 성분에 대한 내성을 키운 결과입니다. 사향제비나비 유충은 쥐방울덩굴이라는 식물만 먹습니다. 아리스톨로크산Aristolochic Acid이라는 맹독 알카로이드에 적응했고, 독성분을 몸에 축적함으로써 새에게 잡아먹히는 위험을 제거하기도 합니다.

하지만 한 가지 식물의 독에 대한 내성만 키우면 다른 식물에 대한 적응력을 개발하기 어렵습니다. 만약 자신의 먹잇감이 사라지기라도 한다면 이들은 생존을 보장할 수 없게 됩니다.

세상에는 다양한 어려움이 존재하고 이를 극복하기 위해 모든 능력을 함께 키우는 데는 한계가 있습니다. 그러므로 하나를 얻으면 하나를 잃게 된다는 것을 인식해야 합니다. 모든 것을 얻기 위해서 발버둥 치다 보면 아무것도 얻지 못할 수 있습니다.

생태계는 다양성을 기초로 유지됩니다. 한 생명체가 하나의 이득을 얻으면, 하나의 이득을 잃으면서 특정 생명체가 전체를 지배하지 못하도록 유지되고 있습니다. 그런데 우리는 이러한 생명체들의 관계를 파악하지도 못한 채 일부 생명체들을 멸종의 위기로 내몰고 있는 것입니다.

덩치를 키우고 잠을 잃다

고래

5500만 년 전, 발굽을 가진 조그마한 육식동물이 삶의 터전을 바다로 옮긴 후 고래로 진화했습니다. 육지를 떠나 바다로 간 고래는 중력이라는 부담으로부터 자유로워졌습니다. 튼튼한 다리로 몸을 지탱할 필요도, 포식자로부터 도망가기 위해 빠르게 뛸 필요도 없게 된 것입니다. 다리와 꼬리는 지느러미로, 몸통은 유선형의 길쭉한 형태로 바뀌었습니다. 물 위로 올라와 숨을 쉬어야 했기 때문에 콧구멍은 등 위쪽으로 옮겼습니다.

지구상에서 가장 큰 포유동물인 흰긴수염고래는 완전히 성숙하면 육지에서 가장 큰 포유동물인 아프리카코끼리보다 25배 정도 무거워집니다. 심장은 소형 자동차 크기만 하며, 동맥은 다섯 살짜리 아이가 수영을 할 수 있을 정도입니다. 게다가 갓난 흰긴수염고래의 몸무게는 성체가 된 암컷 코끼리와 비슷합니다.

그러나 바다로 간 고래는 엄청난 대가를 치러야 했습니다. 먼저 달콤한 잠을 영원히 포기해야만 했습니다. 포유동물인 고래는 물 위에서 주기적으로 숨을 쉬어야 살 수 있습니다. 결국 고래는 잠을 자면서도 늘 깨어 있는 상태를 유지하기 위해 뇌의 절반만 자는 반구수면이라는 방식을 개발했습니다.

물은 공기보다 24배나 빠르게 열을 전달하기 때문에 고래는 차가운 바닷물에서 생기는 체온 저하를 버텨내야 합니다. 고래의 지방층이 발달한 것도 바로 그러한 이유 때문입니다. 지방은 열손실을 막아줄 뿐 아니라, 먹이로부터 얻은 물과 함께 영양분을 저장할 수 있어 먹이가 부족할 때 활용할 수 있습니다.

또한 물속에서 서로 소통하기 위해 소리의 파동을 이용하는 방식을 터득했습니다. 고래들은 거대한 머리에 소리를 모아 폭발음을 냅니다. 그러면 소리의 반향을 통해 캄캄한 주위 환경을 파악할 수 있습니다. 또 출신 지역에 따라 고유의 소리로 노래하고, 장소와 계절에 따라 다른 소리를 낸다고 합니다.

고래는 바다생활에 적응해 개체수가 지속해서 늘었습니다. 상업적 포경이 시작되기 전에는 남극해에서만 20만여 마리가 서식했습니다. 그러나 장기간의 남획으로 지금은 멸종위기에 처해 있습니다.

높이를 확보하고 수명을 잃다
기린

육지에도 불면의 밤을 보내는 동물이 있습니다. 바로 기린입니다. 우제목 기린과의 기린은 목 길이만 2m에 달하고 전체 크기는 5m가 넘게 자랍니다. 눈과 입이 높은 곳에 있기 때문에 멀리 있는 적을 쉽게 알아챌 수 있으며, 나무의 높은 가지에 달린 잎도 먹을 수 있습니다. 특히 기린은 입과 혀를 이용해서 아카시아 잎을 훑어 먹는데 날카로운 가시가 달린 잎도 쉽게 먹을 수 있습니다.

그러나 기린이 택한 생존방식은 값비싼 대가를 치러야 했습니다. 높은 곳에 머리를 두기 위해서 다리를 뻣뻣하게 세우고, 앞다리가 뒷다리에 비해 길게 진화한 결과, 머리를 숙이거나 누워서 쉴 수 없게 된 것입니다. 적을 공격하는 뒷발의 힘은 매우 강력하지만, 일단 누운 상태에서는 힘을 쓸 수 없고, 일어서서 뒷발질을 준비하기에도 많은 시간이 걸립니다. 사자와 같은 포식자들도 기린의 이런 특성을 파악해 기린을 사냥할 때는 중심을 잃고 쓰러지도록 유도합니다. 결국 기린은 대부분의 시간을 서서 지낼 수밖에 없습니다.

기린은 물을 마실 때 긴 목을 앞으로 조심스럽게 숙이고 다리를 넓게 벌려야 합니다. 그런데 이런 자세를 취하면 사자나 악어 같은 포식자의 공격에 거의 무방비 상태가 됩니다. 그래서 기린은 갈증을 잘 느끼지 않는 방식으로 진화했습니다.

기린의 성체는 몸무게가 900kg에 육박하고, 이를 유지하기 위해서는 하루에 30kg의 잎사귀를 먹어야 합니다. 하루 중 16~20시간을 먹어야만 충당할 수 있는 양입니다. 기린의 수면시간이 짧은 것은 식사시간을 늘리기 위한 것이기도 합니다. 긴 목과 뻣뻣한 다리 때문에 눕지 못한 채 서서 자는 것도 모자라, 하루에 10분에서 2시간 정도의 쪽잠을 잘 뿐입니다. 그래서 기린의 자연수명은 25세를 넘기지 못합니다. 비슷한 덩치의 다른 동물과 비교하면 극히 예외적으로 짧은 수명이기도 합니다.

하늘을 포기하고 덩치를 키우다

타조

타조는 무리 생활을 하는 조류입니다. 새의 한 종류임에도 날개가 퇴화되어 날지 못합니다. 하늘을 포기하고 육지에 정착하자 몸무게를 늘릴 수 있다는 달콤한 선물이 주어졌습니다. 몸을 가볍게 하려고 뼈에 구멍을 송송 뚫을 필요도 없습니다. 단단하고 육중한 뼈를 갖추게 되니 달리는 속도도 빨라졌습니다. 3m가 넘는 보폭으로 시속 90km까지 달릴 수 있습니다. 두 개의 발가락에는 길이가 10cm에 이르는 단단한 발톱이 있어 맹수처럼 발로 차고 할퀴고 걷어찰 수도 있습니다.

하지만 하늘을 나는 것을 포기한 대가는 적지 않았습니다. 최대한 멀리 있는 것을 보기 위해 다리와 목을 길게 만들어야 했습니다. 타조의 평균 키가 약 2.4m에 달하는 것도 그런 이유 때문입니다. 알의 지름이 무려 15cm나 되어서 많은 동물의 표적이 되었습니다. 그래서 최소한의 방어를 위해 알껍데기를 매우 단단하게 만들었습니다.

타조는 위험에 직면했을 때 하늘로 도망칠 수 없기 때문에 머리와 목을 땅에 박고 납작 엎드려 숨습니다. 자신의 큰 몸이 노출되어 있어도 적이 보이지 않으면 안전하다고 생각하기 때문입니다. 타조처럼 자신의 눈을 가리면 적도 자신을 보지 못할 것이라고 생각하는 행동을 보고 '타조 머리 숨기기' 또는 '타조 증후군'이라고 부르기도 합니다.

그러나 타조는 짝짓기 상대를 선택하거나 서열을 정할 때 다른 동물처럼 싸우지 않습니다. 머리를 하늘로 올리고 날개와 꼬리를 힘껏 뻗쳐서 서열을 정리하는 방식을 택했습니다.

5
배려의 전략,
51%만 이긴다

주머니날개박쥐 | 미국들소 | 참새

주변 사람들을 유심히 살피다가 뜻밖의 사실을 발견했다.

사람들은 다른 사람과 함께 일할 때

기꺼이 손해 보려는 사람을 선호한다는 것이다.

남보다 더 많이 일하지만 수익을 덜 챙겨가는 사람,

사람들은 그런 사람과 일하는 것을 즐긴다.

— 레이 쥔(샤오미 CEO)

자연은 모든 생명체가 맨발로 걸을 수 있도록 날카롭거나 날이 선
물건을 만들지 않습니다. 돌멩이가 깨져서 날카로워지더라도 인간

을 비롯해 동물들의 발을 뚫을 만큼 위험하지는 않습니다. 그래서 등산길이나 둘레길에서 맨발로 걷는 사람을 볼 수 있습니다.

하지만 인간의 손으로 만든 도시의 보행도로에서는 맨발로 걷는 사람을 보기 어렵습니다. 인간이 만든 것들 중에는 인간에게 상처를 줄 만큼 날카롭거나 깨지기 쉬운 물건이 많기 때문입니다. 약간만 신경을 덜 써도 면도칼, 깨진 유리 조각, 바늘 등이 우리의 피부를 뚫어 상처를 입히곤 합니다. 물론 우리의 생활을 편리하게 만들어주는 것들이지만, 생각지도 못하게 우리의 피부를 뚫고 깊은 상처를 줄 수 있습니다.

자연이 우리에게 상처를 주는 물건을 만들지 않는 이유는 자연에서 벌어지고 있는 생존경쟁이 너무 치열하기 때문일 것입니다. 생존경쟁에서는 승자조차도 회복하기 어려운 상처를 입는 경우가 많습니다. 만약 이러한 경쟁이 아닌 보통의 생활에서조차 심각한 상처를 입게 된다면 생존에 너무 큰 부담이 됩니다. 그래서 자연은 이빨이나 발톱처럼 자연이 준 무기가 아닌 물건들로부터는 심각한 상처를 입지 않도록 날카로운 것들을 만들지 않은 것입니다.

자연이 만든 물건이 치명적인 상처를 주지 않더라도 생명체들의 생존을 위한 경쟁은 필연적이고 치열합니다. 게다가 생존을 위해 목숨을 건 싸움에서는 이긴 쪽에도 후유증이 오래 남게 됩니다. 그러므로 불가피한 경우가 아니라면 생사를 건 싸움은 피하는 것이 좋습니다. 많은 생물종들은 불필요한 충돌을 피하기 위해 각자 다양한 전략과 경쟁의 방식을 사용하고 있습니다.

첫째, 미리 서열을 정리합니다. 새들은 무리 안에 명확한 서열을 유지합니다. 늑대나 사자 같은 포유류도 가장 강하고 힘 있는 개체가 대장이 되어 무리를 지배합니다. 대장은 먹이를 먹거나 짝짓기를 할 때 우선권을 가집니다.

우두머리 경쟁에서 패배한 개체는 무리를 떠나거나 패배자의 위치를 감수해야 합니다. 무리를 떠나면 생명을 보존하기 어렵기 때문에 패배자도 가능하면 무리에 남는 경향이 있습니다. 패배를 받아들이고 무리의 일원으로 인정받으면 먹이를 나눌 수 있어 최소한 생존에 대한 걱정은 덜고 지낼 수 있기 때문입니다.

물론 우두머리가 되었다고 해서 늘 편한 생활을 하는 것은 아닙니다. 무리의 2인자나 외부의 젊고 강한 개체들이 끊임없이 도전해오기 때문입니다. 사자의 경우 대장이 되는 수컷의 평균수명은 6~7년에 불과하지만 사냥과 양육을 담당하는 암사자의 평균수명은 16~18년에 이릅니다.

둘째, 게임의 규칙을 명확하게 정하고 깨끗이 승복하는 것입니다. 순록 같은 큰 사슴들은 큰 뿔을 가지고 있습니다. 하지만 뿔이 싸움의 도구로 쓰이는 경우는 드뭅니다. 게다가 나무 덤불에 숨을 때 방해가 되기도 합니다. 사정이 이러한데도 큰 뿔을 가지고 있는 것은 먹이를 풍부하게 먹어 영양 상태가 좋고 생존능력이 높다는 것을 상징하기 때문입니다. 순록들 사이에서는 더 크고 균형감을 가지고 있는 뿔을 가질수록 경쟁력이 강하고 암컷의 선택도 우선적으로 받는다는 규칙을 암묵적으로 정한 것입니다. 간혹 수컷끼리 뿔을 부딪치며 싸우긴 하지만, 의례적인 대결일 뿐이고 승자가 정해지면 패자는 깨끗이 물러납니다.

제아무리 치열한 경쟁을 하더라도 서로 후유증을 남기지 않으려면 51% 수준으로 이겨야 합니다. 그래야 패자는 패배를 인정하기 쉽고, 승자는 승리를 위해 지불해야 하는 비용을 줄일 수 있습니다. 인류는 도구를 사용하는 과학기술을 발전시키면서 경쟁을 위한 모든 수단의 위력을 강화시켰습니다. 만약 인류가 가지고 있는 핵폭탄으로 승자와 패자를 가린다면 누구도 살아남지 못할 것입니다. 한쪽이 이기더라도 결국에는 모두 죽음을 맞이해야 하는 결과만 남을 뿐입니다. '상처뿐인 영광'을 피하기 위해서는 51%만 이기는 법을 배워야 합니다.

짝을 독점하지 못하다

동물의 세계에는 매우 다양한 혼인 형태가 존재합니다. 후손을 많이 남길 수 있다면 일부일처, 일부다처, 다부일처, 다부다처 등 어떠한 방법이라도 용인됩니다.

남아메리카 상록활엽수림에 주로 살고 있는 주머니날개박쥐는 한 마리의 수컷과 일곱 마리 이상의 암컷이 집단을 이루어 살아갑니다. 수컷은 자신이 짝짓기 상대로 얼마나 매력적이고 건강한지를 알리기 위해 오줌, 침, 생식기 분비물을 섞은 액체를 암컷의 몸에 조금 뿌립니다. 그러면 암컷은 액체의 냄새를 맡고 수컷의 건강 상태 등을 판단해 짝짓기 상대로 선택할지 여부를 결정합니다.

짝을 만들지 못한 수컷은 위성 수컷 Satellite Male 이 되어 무리 근처를 배회합니다. 그래서 무리의 대장 수컷은 무리를 호시탐탐 노리는 위성 수컷으로부터 무리를 지키는 것을 가장 중요한 과제로 여깁니다. 만약 위성 수컷이 무리의 암컷에 접근해 자신의 액체를 남기면 무리의 수컷은 위성 수컷에게 자신의 냄새를 잔뜩 뿌린 후 무리 밖으로 쫓아냅니다.

연구자들은 주머니날개박쥐가 얼마나 효과적으로 자기 무리의 암컷을 관리하는지 알아보기 위해 친자 확인을 해보았습니다. 그런데 놀랍게도 새끼 중 친자식의 비율이 약 30%에 불과했습니다. 나머지 70%는 위성 수컷이나 다른 무리에 속한 수컷의 자식이었습니다. 무리의 암컷들이 대부분 바람을 피우고 있었던 것입니다. 무리의 수컷을 힘으로 이길 수 없는 위성 수컷들과, 대장 수컷의 선택을 받지 못한 암컷들이 야반도주해 얌체짓을 한 것입니다.

만약 도덕과 질서로 유지되는 인간 사회에서 이러한 일이 벌어진다면 손가락질을 받게 되겠지만, 자신의 DNA를 전달하기 위해 수단과 방법을 가리지 않는 동물 사회에서는 어쩌면 본능적인 일일 것입니다.

대평원을 흔들다
미국들소

유럽 사람들이 미국에 정착하기 전, 아메리카 대평원에는 3000만~6000만 마리의 들소가 야생 상태에서 살고 있었습니다. 한 무리의 들소가 지나가면 천둥과 같은 발굽 소리가 수 시간 동안 지속되었다고 합니다.

아메리카 대륙의 토착민이었던 인디언 부족들은 수백 년 동안 들소에 의존해 살아왔습니다. 들소를 잡아 식량을 조달하고, 옷을 만들었으며, 배설물을 말려서 연료로 사용했습니다.

시간이 지나 아메리카 대륙에 서부개척 시대가 열리면서 들소의 운명이 바뀌기 시작합니다. 서부로 이주한 개척자들은 무자비하게 들소를 죽였습니다. 또 철도 회사는 철도를 건설하는 노동자들에게 육류를 제공하기 위해 들소를 사냥했습니다. 일부 인디언 종족들은 칼과 총을 구입하기 위해 들소를 잡아 개척자들에게 팔기도 했습니다.

동부와 서부를 잇는 철도가 뚫리자 사람들은 창밖으로 지나가는 들소를 재미 삼아 쏘아 죽였습니다. 또 전문 사냥꾼들은 수백만 마리의 들소를 사냥한 뒤, 가죽과 혀만을 취하고 고기는 버려두기도 했습니다. 그러면 뼈를 가져다 비료로 판매하려는 뼈 수집상들이 몰려들어 수거해 갔습니다. 농부들은 자신들의 농작물과 울타리를 훼손한다는 이유로 들소를 죽였고, 목장주들은 가축들이 먹을 풀을 들소들이 먹어 없앤다고 죽였습니다. 군인들은 인디언을 몰아내기 위해 그들의 주식량원인 들소들을 죽였습니다.

그렇게 1870~1875년에 걸쳐 매년 250만 마리의 들소가 도살당했습니다. 1892년에는 들소가 85마리밖에 남지 않게 됩니다. 결국 남은 들소들은 옐로스톤 국립공원으로 옮겨졌고, 1893년에는 국립공원 내 야생동물보호법이 제정되었습니다. 또 미국들소협회를 설립해 들소의 증식을 도모하고, '미국들소보호지역 National Bison

Range'을 만들어 보호하기 시작했습니다. 현재는 약 35만 마리의 들소 중 97%가 개인 소유의 목장에서 살고 있습니다.

인간이 총과 같은 사냥도구를 개발하고, 생활반경을 점점 넓혀 가면서, 그동안 아무리 많은 개체를 자랑하던 생명체라도 인간들이 집중적으로 사냥하면 단기간에 사라지게 되었습니다. 인류와 생태계 사이에서도 51%만 이기는 지혜가 필요해진 이유입니다.

곡식을 주워 먹으나 풍년을 기원한다
참새

중국의 국가주석이던 마오쩌둥은 농촌을 시찰하다가 참새가 곡식 낟알을 먹는 모습을 보고 참새 박멸을 지시한 적이 있습니다. 곡식을 빼앗아 먹는 참새를 없애면 식량증산이 가능할 것이라고 생각한 것입니다. 중국 최고 권력자의 지시가 떨어지자마자 대륙 전역에서 대대적인 참새 소탕작전이 시작됩니다. 어른은 물론, 아이까지 새총을 들고 다니며 참새를 쏘아 죽이는 일에 열중했습니다. 그덕분에 1년 동안 참새 약 2억 1000만 마리를 죽일 수 있었습니다.

온 국민이 힘을 모아 참새를 잡자 들녘에서 참새가 사라지기 시작했습니다. 그런데 농촌에서는 재앙이 발생합니다. 천적 참새가 없어진 틈을 타 해충이 대량으로 번식해 곡식을 갉아먹은 것입니다. 참새들이 주워먹는 알곡의 양은 크게 줄었지만, 해충의 범람으로 농작물이 피해를 입어 엄청난 흉작을 맞게 됩니다.

농업에 문외한인 마오쩌둥이 벼를 빽빽하게 심도록 지시한 적도 있었다고 합니다. 모와 모 간격을 최대한 줄이면 소출량이 더 늘어날 것으로 생각한 것입니다. 그의 지시에 따라 최소 간격 이하로 모를 좁혀 심으니 벼들은 서로 생장을 방해하면서 병충해에 취약해지고 낟알도 줄어들었습니다. 절대 권력자가 즉흥적으로 내놓은 식량증산계획은 대실패로 끝났습니다.

이 때문에 굶어 죽은 사람이 1000만 명을 넘은 것으로 발표되었지만, 실제 사망자는 최대 4000만 명에 달했던 것으로 전문가들은 추정합니다. 제2차 세계대전 당시 최대 인명 피해를 본 소련의 사망자 2000만 명보다 2배나 많은 수치입니다.

생태계의 먹이사슬은 안정과 균형을 유지하는 방향으로 진행됩니다. 서로서로 경쟁을 하지만, 경우에 따라 상대의 입장을 배려하고 상대가 곤경에 처하는 것을 막아주기도 합니다. 이러한 촘촘한 상생과 경쟁의 관계를 이해하지 못하고 인간이 성급하게 개입하면 결국 생태계의 균형이 깨지면서 인간에게도 피해가 발생하게 됩니다. 상대를 100% 이기면 그 사람은 영원한 적으로 변하게 됩니다. 51% 이기면 패한 상대와도 친구가 될 수 있고, 그렇지 않더라도 나에게 비수를 겨누는 적이 되지는 않습니다. 이기는 것뿐 아니라 얼마나 이길 것이냐를 정하는 데도 전략이 필요합니다.

4부

미래를 열어주는 준비전략

인류가 화학물질의 독성에 의한 피해를 인식한 것은 비교적 최근의 일입니다. 고대 이집트, 그리스, 로마는 물론 중국에서도 다양한 화학물질을 사용했으나, 당시에는 독성이나 위해성을 인식하지 못해 오남용하는 경우가 많았고, 많은 사람들이 부작용에 시달려야 했습니다.

일례로 고대 중국에서는 미나마타병의 원인인 수은을 금, 은과 함께 불로장생약이라고 여기며 복용했고, 유럽에서는 얼굴을 희게 하는 화장품 원료로 수은과 납을 사용했습니다. 중금속 화장품을 오래 사용한 사람들은 피부색이 변하거나 질병에 시달렸고, 고통 속에서 죽었습니다. 로마에서는 1급 발암물질인 석면을 '불멸의 물질'이라 여겨 황제의 옷에 사용했고, 19세기 후반의 미국인들은 비소를 정력제로 복용하고서 후유증에 시달렸습니다.

19세기 후반 들어 유해 중금속 문제를 제기하는 과학자들이 나타났습니다. 이들은 식품 첨가제로 사용하던 황산, 황산구리, 포름알데하이드 등에 주목했습니다. 그러나 식품 기업의 반대에 부딪혀 시련을 겪게 됩니다. 그 과학자들 중 한 사람이 훗날 미국 농무부 장관이 된 하비 와일리Harvey Wiley입니다.

하비 와일리는 '독약 구조대Poison Squad'를 결성합니다. 구조대는 붕사, 포름알데하이드와 같은 유해 첨가물이 사용된 식품을 먹고 복통과 두통 등 몸에 나타나는 부작용을 직접 체험하는 임무를 가지고 있었습니다. 구조대에는 건장한 20대 남자 12명이 자원했습니다. 다른 음식은 먹을 수 없고, 이발도 승인을 받아야 했습니다. 매일 식사하기 전에 몸무게와 혈압, 체온을 측정하고, 몸의 변화를 분석하기 위해 수시로 대변, 소변, 머리카락, 땀을 제출해야 했습니다. 결국 이들은 식품첨가물의 유해성을 밝혀냈고, 1906년 식품에 유독성 첨가물 투입을 금지하는 법안이 통과되는 데 큰 역할을 했습니다. 독약 구조대의 숭고한 희생으로 세계 최초로 유해물질 사용금지 조치가 입법화된 것입니다.

자연계의 다른 동물에 비해 인류의 미래 예측능력은 많이 부족합니다. 중금속의 부작용도 과학자들이 직접 부작용을 체험해 입증하기 전까지는 인정하지 않았습니다. 자연재해를 미리 예측하는 능력도 부족해 해마다 태풍이나 해일과 같은 기상이변으로 인해 엄청난 피해를 보고 있습니다.

배에서 생활하는 쥐들은 태풍과 해일 등의 재해가 닥치기 전에 미리 알아차리고 배 밖으로 도망간다고 합니다. 메기는 지진이 발생하기 전에 전자파를 감지하고는 떼를 지어 물 위로 솟구치는 행동을 취합니다. 2004년 인도네시아에 지진해일이 일어 15만 명 이상 사망했을 때도 코끼리, 물소, 닭과 같은 동물들은 미리 산으로 도망가 살아남았다고 합니다. 또 독일의 막스플랑크 조류연구소 소장 마틴 비켈스키Martin Wikelski가 염소를 대상으로 조사한 결과, 2012년 1월 5일 밤 이탈리아의 에트나 화산이 분화하기 6시간 전에 화산 주변의 염소들은 집단으로 도망쳤다고 합니다.

하지만 자연현상에 대한 예지력이 거의 없는 인류는 자연재해 앞에서 대부분 무방비 상태에 있는 것이나 마찬가지입니다. 과거의 통계나 자연현상 등을 분석해 미래를 예측하기도 하지만, 현재까지는 그 정확성이 높지 않습니다. 자연이 모든 동물에게 예지력을 부여했으면서도 인간에게만큼은 예지력을 주지 않은 이유가 궁금하기도 합니다. 어쩌면 인간이 자연에 순응하기보다 자연을 변화시키려 하기 때문에 예지력을 갖추면 훼손 속도가 더 빨라질 것을 우려한 것은 아닌지 상상해볼 수 있습니다. 또 반대로, 약한 미래예측 능력을 보완하기 위해 다양한 대비를 하라는 의미로도 여겨집니다.

미래를 어떻게 준비하는지에 대한 문제는 매우 중요합니다. 미래는 언제나 불확실하며, 현재는 과거와 다릅니다. 또 과거를 기반으로 한 미래 예측은 정확하지도 않습니다. 지금도 어디에선가 우리가 인식하지 못하는 변화가 이루어지고 있고, 그 변화가 미래에 영향을 주고 있습니다. 다양한 실패의 원인을 사전에 파악하는 것은 쉽지 않고, 설령 파악했다 하더라도 효과 있는 대응책을 마련하는 데는 많은 제약이 뒤따릅니다.

그래서 미래를 대비하기 위해서는 성공을 위한 몇 가지에 집중하기보다 실패를 초래할 수 있는 다양한 요소를 제거하는 방식을 택해야 합니다. 불확실성이 클 경우에는 더욱 그렇습니다. 우리가 잘하는 것에 집중하면 현재의 성공에는 도움이 될지 모르나, 우리가 잘하지 못하는 것을 보완할 때 진정으로 미래를 위한 대비를 할 수 있습니다.

1
선점의 전략,
한발 앞서야 살아남는다

뚝새풀 | 복수초, 노루귀 | 개구리 | 변온동물, 항온동물

일반적으로 변방은 중심부에서 떨어진

낙후된 주변부로 인식된다.

그러나 인류 문명은 그 중심지가

부단히 변방으로 변방으로 이동해온 역사이다.

모든 살아 있는 생명은 부단히 변화한다.

중심부는 변화에 둔감하기 때문에 곧 쇠락하게 되고,

변화가 활발한 변방이 새로운 중심지가 된다.

– 신영복,《변방을 찾아서》중에서

일찍 일어나는 새가 벌레를 잡습니다. 경쟁자보다 먼저 움직이면 이길 가능성이 커집니다. 일본에서 존경받는 스님인 마스노 슌묘는 "행운은 반드시 아침에 찾아온다. 아침을 어떻게 여느냐에 따라 인생이 천양지차로 달라진다. 이것은 내가 평생 동안 실제로 경험한 것이다"라고 말했습니다. 아침은 태양이 뜨고 모든 생명이 새롭게 시작하는 시간입니다.

아침은 모든 생명체에게 동등하게 주어집니다. 새롭게 맞이하는 오늘의 아침은 어제와는 다릅니다. 혹시 어제 후회되고 아쉬운 일이 있었더라도 오늘은 새로운 마음으로 시작하는 소중한 출발점으로 여겨야 합니다.

새로운 아침에는 작은 일에도 정성을 쏟고 사소한 것도 소중하게 생각하는 것이 좋습니다. 아침을 어떻게 여느냐에 따라 하루가 달라지고, 매일 새로운 하루가 쌓여 1년 365일을 바꾸게 됩니다.

자연에서도 많은 생명체가 남보다 한발 앞서감으로써 자신의 생태적 지위를 만들어갑니다. 아직 찬바람이 가시지도 않고 눈도 덜 녹은 이른 봄에 꽃을 피우는 식물이 있습니다. 추운 겨울을 버텨내는 복수초나 노루귀 같은 식물들입니다. 이 꽃들은 비록 크기가 작아 벌과 나비의 관심을 끌지 못하지만, 다른 꽃보다 먼저 꽃을 피워 일찍 활동함으로써 일찍 깨어난 벌과 나비를 부릅니다. 개나리, 튤립, 백합, 진달래처럼 봄이 오는 것을 알려주는 꽃들은 추운 겨울을 견뎌내야만 꽃을 피울 수 있습니다. 이러한 현상을 생물학적 용어로 '춘화현상'이라고 부릅니다.

추운 겨울을 지내고 남보다 빨리 개화하는 꽃들처럼 남보다 빨리 새로운 것을 시작하면 비록 역량은 부족하더라도 성공할 가능성이 높아집니다. 그런데 남들보다 앞서가는 것에는 항상 위험이 뒤따릅니다. 그래서 실패 확률을 줄이기 위한 사전준비가 반드시 필요합니다. 투자를 하거나 의사결정을 할 때는 먼저 주변 상황을 정확히 파악해야 합니다. 모두가 필요를 느끼고 있지만, 아직 선점한 사람이 없거나 환경이 갖춰지지 않은 것이 주요 공략 대상이 될 것입니다. 하지만 그 과정에서 시장의 상황이나 소비자의 수요를 정확히 파악하지 못하면 실패할 위험도 있습니다.

소비자들은 기존의 상품이나 관행에 익숙해져 자신들의 선택을 쉽게 바꾸지 않기 때문입니다. 이미 소비자들에게 선택을 받은 상품은 치열한 경쟁을 뚫고 나름대로 성공을 거두어 경쟁력을 갖춘 것들입니다. 따라서 새로운 상품을 출시하고자 할 때는 경쟁제품과 차별화되는 기능이나 특징, 장점을 개발해야 합니다.

자신의 능력이나 상품을 차별화하기 위해서는 자신이 속해 있는 생태계를 파악하고, 자신만의 강점을 찾아야 합니다. 강점을 살리기 위해서는 자신도 변화해야 합니다. 이러한 일련의 과정은 신속히 이루어져야 합니다. 만약 시간을 끌게 되면 다른 경쟁자에게 뒤

처질 수 있습니다.

불확실한 미래를 준비할 때는 위험에 대비한 보험도 중요합니다. 시장을 선점하기 위해 과감한 결단을 내리고, 주변 상황에 적응하기 위해 꾸준히 노력할 때 성공을 보장할 수 있습니다. 자신의 힘이 약하거나 경력이 부족하다고 생각하는 사람들은 이러한 전략을 적극적으로 활용할 필요가 있습니다. 남들이 어렵거나 불가능하다고 생각하는 일을 먼저 추진하거나, 남들이 쉬는 시간에 노력하고, 필요할 때는 과감하게 결정해야 합니다. 남들이 생각하기도 전에 한발 앞서 대응하면서 다가올 미래를 대비해야 합니다.

기회가 오면 놓치지 않는다
뚝새풀

뚝새풀은 논이나 밭에서 자라는 잡초입니다. 한때 시골 아이들은 뚝새풀을 풀피리 재료로 사용하기도 했습니다. 주로 논이나 밭에서 자라기 때문에 수확이 끝난 후 휴지기에 신속하게 성장해, 후손이 될 씨앗을 만듭니다.

뚝새풀은 벼를 추수한 후 10월이 되면 발아해 겨울을 보냅니다. 그리고 봄이 시작되면 순식간에 싹을 틔워, 모내기 전까지 쑥쑥 자라 씨앗을 만듭니다. 그러면 트랙터가 논밭을 갈아엎을 때 바퀴에 씨앗이 들러붙어 멀리 날아갑니다. 다 자란 뚝새풀은 잡초로 뽑히거나 땅속에 묻혀 거름이 됩니다. 다른 곳으로 이동한 씨앗은 성숙하지 않아도 발아할 수 있으며, 흙 속에서 기회를 엿보다가 추수가 끝나면 다시 발아해 땅을 점령합니다.

논에서 자라는 뚝새풀과 밭에서 자라는 뚝새풀은 다른 전략을 사용합니다. 논에서 자라는 종자는 적은 숫자로 큰 씨앗을 만듭니다. 논은 매년 갈아엎는 시기가 일정하기 때문에 비교적 안정된 환경입니다. 그래서 숫자는 적어도 튼실한 종자를 만들어 생존경쟁력을 높이는 전략을 채택합니다.

반면 여러 작물을 수시로 바꾸어 재배하는 밭에서는 많은 숫자의 작은 씨앗을 만듭니다. 밭에서는 작년에 심었던 채소를 다시 심을 수도, 다른 작물을 심을 수도 있습니다. 작물이 자라거나 수확한 후 새로운 씨앗을 뿌리기 위해 땅을 갈아엎는 시기도 매년 달라집니다. 뚝새풀 입장에서는 매우 불안정한 환경입니다. 이렇게 환경이 불안정하면 자손을 많이 만들어 널리 퍼뜨리는 것이 유리하기 때문에 크기가 작은 씨앗을 많은 숫자로 만듭니다. 언제든지 환경이 바뀔 수 있기 때문에 일부는 죽더라도 일부는 살아남을 수 있게 하는 전략을 사용하는 것입니다.

이처럼 같은 종이지만 주변 환경에 따라 생존과 번식의 방법이 달라집니다. 논과 밭이 잠시 휴지기에 접어들 때를 이용해서 살아가는 작은 뚝새풀도 자신에게 주어진 환경을 생각하고, 그것에 적응하면서 생존을 유지합니다.

추운 겨울에 준비해 봄소식을 전한다
복수초, 노루귀

이른 봄, 야산에 올라가면 작지만 사랑스러운 봄꽃을 만날 수 있습니다. 아직 바람이 차갑고 군데군데 눈이 남아 있어도, 샛노란 복수초, 분홍 노루귀, 큰개불알꽃, 흰제비꽃, 광대나물, 양지꽃 등이 일찌감치 봄소식을 전합니다. 매화, 산수유, 벚나무 같은 목본식물도 이른 봄에 잎이 나기도 전에 꽃을 만개해, 추운 겨울이 지나가고 따스한 봄날이 다가오고 있다는 것을 알려줍니다.

누구나 아침에 일찍 일어나는 것이 힘든 것처럼 풀과 나무들도 이른 초봄에 꽃을 피우는 것은 쉽지 않습니다. 초봄에 꽃을 피우려면 겨우내 추위와 차가운 바람을 견디면서 에너지를 비축해야 가능하기 때문입니다. 이른 봄에 꽃을 피우는 식물들은 추운 겨울에도 잎을 펼치고 광합성을 해서 에너지를 모읍니다. 그리고 봄이 다가오면 그동안 비축해둔 에너지를 총동원해 단번에 꽃을 피웁니다.

추위를 이기는 방법도 다양합니다. 복수초는 꽃 모양을 집광판처럼 둥글게 만들어 해의 방향에 따라 꽃을 돌려가면서 빛을 받아 온도를 올립니다. 노루귀는 가는 털로 온몸을 둘러싸 추위를 견딥니다. 복수초나 노루귀처럼 작은 꽃들이 다른 꽃보다 먼저 꽃을 피우는 데는 이유가 있습니다. 본격적으로 봄이 찾아오면 곤충도 늘어나지만, 다른 꽃들도 함께 늘어납니다. 그러면 작은 꽃들은 곤충들의 관심을 덜 받게 됩니다. 따라서 많은 꽃들이 피어 있는 늦봄의 치열한 경쟁을 피하기 위해 힘들더라도 일찍 꽃을 피우는 전략을 쓰는 것입니다.

전략이 있는 놈은 울지 않는다
개구리

개구리는 시골이나 도시의 외곽 지역 등 어디서든 만날 수 있는 친근한 동물입니다. 중생대 쥐라기에 출현한 화석어류가 파충류와 양서류로 분화되었고, 양서류 중에서 개구리가 가장 진화된 형질을 갖추고 있습니다.

여름날, 농촌에 가면 개구리 울음소리를 쉽게 들을 수 있습니다. 특히 비가 오는 날이면 그 소리가 더욱 커집니다. 개구리는 허파에서 울음주머니로 공기를 불어넣어 울음주머니의 떨림과 공기의 흐름을 조절해 다양한 소리를 냅니다. 이때 근육을 이용해 공기 흐름을 조절하기 때문에 수분을 많이 빼앗기고 에너지도 많이 소모합니다. 그래서 햇볕이 내리쬐거나 건조한 낮에는 힘을 비축해두었다가 습도가 높은 밤이나 비가 올 때 큰 소리로 우는 것입니다.

개구리의 암컷은 수컷의 울음소리를 듣고 짝짓기 상대를 선택합니다. 크고 낮은 울음소리일수록 암컷의 선택을 받을 확률이 높아집니다. 그래서 수컷은 천적에게 발각될 위험을 무릅쓰면서도 혼신의 힘을 다해 울어댑니다.

큰 소리로 울고 있는 수컷 옆에는 작은 수컷이 숨어 있습니다. 개구리는 자신의 울음소리보다 2배 이상 크게 우는 개구리가 있으면 울지 않는다고 합니다. 그 대신 큰 울음소리를 듣고 찾아온 암컷 개구리를 가로채 잽싸게 짝짓기를 시도합니다.

개구리는 교미기(음경)가 없기 때문에 암컷이 알을 낳으면 수컷이 순간적으로 그 위에 정자를 뿌리는 체외수정을 합니다. 그래서 암컷을 부르기 위해 큰 울음소리를 냈던 수컷 몰래 주변에 숨어 있던 다른 수컷이 얌체처럼 짝짓기를 할 수 있습니다.

여름밤 여기저기서 울리는 개구리 울음소리에는 이런 사연이 숨어 있습니다. 우리가 알던 동요에서처럼 아들, 손자, 며느리가 함께 모여서 우는 것이 아닙니다.

변화에 적응해야 생존할 수 있다
변온동물, 항온동물

6500만 년 전, 빙하기가 찾아오자 대표적인 변온동물인 공룡은 멸종하고, 항온동물인 포유류가 세력을 넓히기 시작했습니다. 현재 지구상에는 파충류와 양서류, 곤충과 같은 변온동물이 많이 살고 있습니다.

변온동물은 외부의 온도와 몸의 온도가 같아 전혀 추위를 느끼지 않습니다. 주변 온도가 떨어지면 근육 속 화학반응도 함께 느려져 행동이 느려지기 때문에 겨울잠을 자거나 알의 상태로 추운 시기를 버티지만, 체온을 유지해야 하는 부담은 없습니다. 그래서 악어는 같은 무게가 나가는 사자의 5분의 1에서 10분의 1의 먹이만 먹고도 충분히 버틸 수 있고, 특별한 경우 아무것도 먹지 않고도 반년을 버틸 수 있습니다.

그러나 포유류나 조류와 같은 항온동물은 추운 곳에서도 계속 활동할 수 있지만, 체온을 유지하는 데 에너지를 써야 하기 때문에 그만큼 많이 먹어야 합니다. 항온동물이 변온동물보다 훨씬 높은 체온을 유지하는 이유가 있습니다. 학계에 따르면 곰팡이가 원인이라고 합니다. 곰팡이는 상온 이상의 조건에서는 성장 속도가 급격히 떨어집니다. 따라서 항온동물이 체온을 상온보다 높게 유지하는 것은 곰팡이의 감염과 이에 따른 질병으로부터 벗어나기 위해서입니다.

상온보다 높은 온도를 유지해야 하는 항온동물에게는 추위보다는 더위가 더 문제입니다. 그래서 항온동물들이 땀을 흘려 체온을 조절하는 것입니다. 인류는 피부에 털이 많지 않아 땀을 흘려 체온을 조절하는 것이 다른 포유류에 비해 유리합니다. 땀 1ml가 수증기로 증발할 때 580cal의 열을 소모한다고 합니다. 그리고 우리 자신도 모르는 사이에 하루에 600ml의 물을 땀으로 배출합니다.

항온동물은 기후변화와 같은 환경의 변화에 변온동물보다 상대적으로 쉽게 적응할 수 있지만, 변온동물도 그 나름대로 생태적 영역을 확보하면서 생태계에서 공존하고 있습니다. 이처럼 어떤 방식의 삶이든 변화와 안정은 모두에게 중요하다는 것을 반증하는 듯합니다.

2
적응의 전략,
변화하는 환경을 이용하라

레밍 | 나무늘보 | 크리스마스섬붉은게

자기가 나설 무대가 아닌 곳에 함부로 나서지 말라.

세계에는 빈 곳이 얼마든지 있다.

어디에나 함부로 나서는 사람은

대개 자기의 능력이 없는 자이기도 하고,

자기의 천직을 자각하고 있지 못한 자이기도 하다.

　－ 헨리크 입센

피터 드러커Peter Drucker는 세상에서 변화하지 않는 유일한 것은 모든 것이 항상 변화한다는 사실 한 가지라고 주장했습니다. 세상은 항상 변화하고 있습니다. 아침은 낮을 지나 밤이 됩니다. 봄, 여름, 가을, 겨울을 거쳐 한 해가 지나가고, 장마, 태풍, 한파, 폭염 등 다양한 기상현상이 나타났다 사라집니다. 태어난 것은 성장하고, 결국 죽습니다. 인간은 물론 모든 자연계가 변화를 경험하고, 모든 생명체는 변화에 적응해야 살 수 있습니다.

변화를 주도하고 변화하는 상황에 성공적으로 적응하기 위해서는 기본적으로 4가지를 고려해야 합니다. 첫째, 변화의 필요성에 대한 인식입니다. 둘째, 새로운 상황에 맞는 비전을 만드는 것입니다. 비전은 변화의 방향과 강도, 그리고 성공 가능성을 명확하게 해줍니다. 셋째, 변화를 실천하는 세부적인 계획을 마련하는 것입니다. 끝으로 변화에 대한 저항을 극복하는 것입니다.

기존의 상황에 적응을 마친 모든 생명체에게 변화는 불편한 것이어서 항상 저항이 뒤따릅니다. 성공적으로 변화를 이끌고 성과를 만들어내기 위해서는 변화에 대한 저항을 극복해야 합니다. 변화에 대한 유인책을 제공하고 주도 세력을 만들어 저항을 줄이며 실천을 유도해야 합니다. 이러한 요소들이 갖춰졌을 때 비로소 성공적인 변화가 가능합니다.

'나비효과'란, 미세한 변화나 작은 사건이 추후에 예상치 못한 엄청난 결과로 이어지는 것을 의미하는 말로, 1952년 SF 작가인 레이 브래드버리Ray Bradbury가 처음 사용했습니다. 그리고 아마도 한 번쯤 이런 말을 들어봤을 겁니다. "브라질에서 나비가 날갯짓을 하면 텍사스에서 토네이도가 일어날까?" 미국의 기상학자 에드워드 로렌츠Edward Lorenz가 컴퓨터 시뮬레이션으로 기상변화를 예측하는 과정에서 초깃값의 일부를 생략했더니 전혀 다른 결괏값이 나오는 것을 설명하기 위해서 '나비효과'라는 용어를 사용한 것입니다. 일반인들에게 이 용어가 알려진 것은 2004년 영화 〈나비효과〉가 개봉하면서부터입니다.

지구상의 여러 구성 요소들은 유기적으로 연결되어 있습니다. 따라서 하나의 구성 요소가 바뀌면 전혀 관계가 없어 보이는 다른 요소들도 균형과 조화를 잃고 불안정한 상태로 전환됩니다. 이러한 자연현상의 변화에 더하여 인류가 자연을 통제하는 능력을 가지게 되면서, 자연을 구성하는 생명체는 '사람에 의해 만들어진 변화'와 '자연의 힘에 의한 변화'라는 두 가지 요인으로 삶의 조건이 바뀌게 됩니다.

문제는 인간이 주도하는 변화의 방향입니다. 자연 생태계는 인류가 만든 변화를 과거에 경험하지 못했기 때문에 방향이나 강도를 예측하지 못합니다. 더구나 인간이 만든 변화의 속도는 너무 빨라 생태계의 다른 생명체들이 적응하는 데에도 어려움을 겪습니다. 이렇게 인간이 만든 변화는 '나비효과'처럼 전혀 관계가 없어 보이는 생태계의 작은 부분까지 영향을 끼치고 있습니다.

인간을 비롯해 자연 생태계의 모든 곳에서 변화를 생활화하고 체계적으로 관리할 필요가 있습니다. 먼저 변화 관리는 현재의 상황에 대한 정확한 인식에서 출발해야 합니다. 눈앞에 익숙한 것에만 관심을 갖지 말고 좀 더 시야를 확장해 다양한 분야에 눈을 돌려야 합니다. 변화의 폭과 강도에 따라 변화에 대한 대비와 대응법이 결정되고, 결국 생존과 성공에 큰 영향을 미치기 때문입니다.

변화가 인위적인 것이든 자연적인 것이든, 그리고 변화가 주는 영향이 개체에 국한되든 조직으로 확대되든 대부분 생존의 문제로 귀결됩니다. 따라서 변화를 적절하게 관리하고 적응하는 생명체들은 지금껏 그래왔듯 지구상에서 보금자리를 유지하면서 개체수를 늘릴 수 있습니다. 그러나 변화에 적응하지 못한 생명체는 멸종하고, 역사의 한 페이지 또는 박물관의 한 모퉁이를 지키는 존재로만 남게 됩니다.

나의 투신은 집단자살이 아니다
레밍

레밍은 쥐목 쥣과의 동물로 '나그네쥐'라고도 불립니다. 몸길이 7~15cm에, 짧은 다리와 부드러운 털을 가진 매우 귀엽게 생긴 쥐입니다. 그런데 레밍에게는 특별한 별명이 있습니다. 바로 '집단자살하는 동물'입니다. 이는 1958년 디즈니 영화 〈하얀 광야〉에서 레밍떼가 무리 지어 이동하다가 절벽 아래로 떨어지는 장면이 알려지면서부터 시작된 것입니다. 그러나 실제로 레밍은 집단자살을 한 적이 없고, 앞으로도 그런 일은 일어나지 않을 것입니다.

레밍은 시베리아, 스칸디나비아, 북아메리카 등 추운 툰드라 지방에 서식합니다. 겨울잠을 자지 않고 1년 내내 짝짓기를 하는데, 번식력이 뛰어나 암컷 한 마리가 한 번에 4~5마리씩, 1년에 최대 5회에 걸쳐 새끼를 낳습니다. 1년이면 20~30마리 정도의 새끼를 낳는 셈입니다. 하지만 추운 지방에서 살기 때문에 겨울철에 개체 수가 늘어나면 먹잇감을 확보하는 데 문제가 생깁니다.

레밍은 개체수가 늘어나고 먹이가 부족해지면 새로운 보금자리를 찾아 떠납니다. 문제는 레밍이 외톨이 성향을 가지고 있어 다른 구성원과 협력하지 않는다는 것입니다. 우두머리를 따라 체계적으로 이동하는 것이 아니라 개별적으로 무작정 떠나버립니다. 결국 이동하는 중에 서로 치고받으면서 싸웁니다.

만약 이동 중에 물살이 센 강을 만나도 그대로 건너갑니다. 물에서 수영할 수는 있지만, 대부분 시력이 나빠 물살이 센 강이나 큰 바다를 만나도 작은 하천쯤으로 생각하고는 뛰어듭니다. 그 과정에서 대부분 목숨을 잃습니다. 이러한 습성이 집단자살을 하는 것으로 보이는 것입니다.

레밍은 좀도둑갈매기, 흰올빼미, 북극여우, 어민족제비 등과 같은 많은 천적을 상대해야 합니다. 대부분 이동중에 땅 위나 물속에서 천적에게 노출되어 대규모로 희생을 당합니다. 천적들 입장에서는 레밍의 이동 시기가 마음껏 영양보충을 할 수 있는 포식의 시간이기도 합니다. 다행히 레밍의 암컷이 새끼를 많이 낳기 때문에 개체수는 빠르게 회복됩니다. 이렇게 주기적으로 무리의 수가 급격히 증가했다 다시 줄어들면서 툰드라의 생태계가 만들어지는 것입니다.

살아남기 위해 게으름을 피운다
나무늘보

빈치목 나무늘봇과 포유류인 나무늘보는 머리가 둥글고 짧으며, 앞다리가 뒷다리보다 길고 발가락이 튼튼하며, 구부러진 갈고리 발톱이 있어 나무에 쉽게 매달릴 수 있습니다. 그만큼 대부분의 시간을 나무에 매달려 지냅니다. 반면에 짧은 다리와 갈고리 모양의 발톱 때문에 제대로 걷지는 못합니다. 또, 홈이 나 있는 털 표면에 녹조류가 들러붙어, 우기에는 녹색으로 변하고 건기에는 갈색으로 변해 보호색의 기능을 합니다. 체온이 24~35℃로 변하기 때문에 중앙아메리카나 남아메리카의 열대우림과 같이 기온 차가 심하지 않은 곳에서만 살고 있습니다.

　나무늘보는 게으름뱅이입니다. 하루 24시간 중 20시간 이상 잠만 자고 고작 100m를 이동하는 데 한 시간이 걸릴 정도로 움직이는 속도가 느립니다. 하지만 이런 느린 움직임은 나무늘보의 생존 전략이기도 합니다.

　남아메리카 지역에는 재규어라는 대표적인 포식자가 함께 살고 있습니다. 고양잇과에 속하지만 물을 무서워하지 않고, 물속에서도 헤엄쳐 먹잇감을 구할 수 있습니다. 나무도 잘 타서 나무 위에 있는 동물도 잡아먹습니다. 그런데 재규어의 단점은 멈춰 있는 물체를 제대로 발견하지 못한다는 것입니다. 바로 나무늘보와 같은 느린 생명체를 포착하지 못합니다. 게다가 포식 대상이 무성한 나뭇잎 속에 숨어서 움직이지 않는다면, 그리고 몸에 이끼까지 붙어 있다면 정말 발견하기 어렵습니다.

　또 나무늘보는 하루 중 움직이는 시간이 적어서 체력소모가 덜하고 먹는 양도 아주 적습니다. 에너지나 영양분 공급이 부족하고 소화도 잘되지 않아 다른 동물이 거들떠보지도 않는 나뭇잎을 주로 먹습니다. 게다가 음식을 먹고 소화시키는 데 한 달 이상 걸리기도 합니다. 이렇게 거의 움직이지 않고 먹는 양도 적으니 포식자에게 들킬 위험도 없고 음식 걱정도 없습니다.

　하지만 짝짓기 상대를 만날 때는 게으르거나 느린 행동을 찾아

볼 수 없습니다. 자신이 원하는 암컷을 차지하기 위해 다른 수컷과 격렬한 싸움도 합니다. 이처럼 아무리 나무늘보라도 목적이 달라지면 행동도 달라집니다.

반칙은 나의 주특기다
크리스마스섬붉은게

게와 같은 갑각류들은 5억 년 전의 화석이 발견될 만큼 지구에서 오래 살아왔습니다. 현재에도 4만여 종이 알려졌을 정도로 종류도 다양합니다. 남극 지역, 온천 지역, 심해, 해안과 하천, 그리고 습지는 물론, 사막에서도 살고 있습니다. 물에서 사는 종도 있고, 땅에서 사는 종도 있습니다.

호주 크리스마스섬에 서식하는 크리스마스섬붉은게는 내륙 동굴을 둥지 삼아 살아갑니다. 하지만 바닷가 암벽에서 짝짓기를 하고, 수정된 알을 바다에 던져 산란합니다. 새끼들이 깨어나기 위해서는 바닷물이 필요하기 때문입니다.

11월의 우기가 시작되면 붉은게 6000만 마리가 땅 위를 새빨갛게 물들이면서 짝짓기 여행을 떠납니다. 초승달이 뜨기 직전, 즉 조수간만의 차가 적은 시기에 알을 낳아야 하기 때문에 도착시간은 이미 정해져 있습니다. 이때 총 8km를 이동하는데, 한 시간에 350m를 움직일 수 있는 붉은게에게는 마라톤보다 힘든 여정입니다. 수컷보다 늦게 출발하는 암컷들은 무려 10만여 개의 알을 품고 가야 합니다. 목적지로 가는 길에는 포식자들이 입을 벌리고 있고, 장거리 여행이기 때문에 체내의 수분이 고갈되거나 에너지가 부족해 중간에 죽기도 합니다. 도로를 건널 때는 자동차에 깔려 죽기도 합니다.

목적지인 바닷가 암벽에 도착해도 여정은 계속됩니다. 그때부터는 암컷을 차지하려는 수컷들의 싸움이 시작되고, 많은 수컷이 죽거나 기진맥진해집니다. 암컷이 도착할 때쯤 절벽 아래에는 수많은 수컷 사체가 뒹굴고 있습니다. 경쟁에서 살아남은 수컷들 사이를 암컷이 도도하게 지나가는데, 암컷이 어떤 기준으로 짝짓기 상대를 선택하는지는 아직 밝혀지지 않았습니다.

흥미롭게도 수컷들 사이에서 죽은 듯 엎드려 있다가, 암컷이 도착하면 반짝 힘을 내 짝짓기를 하는 게들이 있습니다. 짝짓기 상대를 차지하기 위해 싸움을 벌이는 다른 수컷들을 피해 있다가 반칙을 저지르는 것입니다. 더욱 놀라운 것은 정상적인 경쟁을 통해 에너지를 소모한 게들보다 반칙을 저지른 게들의 짝짓기 성공률이 높다는 것입니다. 결국 동물의 세계도 인간의 세계처럼 불공정한 경쟁이 존재합니다. 그리고 무조건 힘이 세다고 성공하는 것도 아닌 것 같습니다.

3
연결의 전략,
세상의 많은 것들은 순환한다

피터는 아이들로부터 항상 놀림을 받았다.

남들보다 말도 느리고 걸음도 느리고

반응도 느리기 때문이다.

그래서 아이들은 피터를 보면

언제나 때리고 장난치고 놀렸다.

가장 자주 놀려먹는 일은

10센트짜리와 5센트짜리 동전을 보여주는 것이었다.

"피터, 여기 있는 다임(10센트)과

니켈(5센트) 중에 어느 걸 가질래?"

그러면 피터는 커다란 눈을 끔뻑끔뻑하다가

니켈을 집어들었다.

아이들은 피터를 바보라고 놀렸다.

이 모습을 지켜보던 동네 할아버지가 말했다.

"피터야, 5센트 동전이 더 크지만

10센트가 더 가치 있는 거란다."

피터는 할아버지에게 말했다.

"저도 알아요, 할아버지."

"그런데 왜 항상 5센트를 집는 거냐?"

"만약 제가 10센트를 집으면 이 놀이가 끝나잖아요."

　　　　－인터넷 유머에서

　인디언의 인사말인 '미타쿠에 오야신'은 '우리는 모두 연결되어 있다'는 의미를 가지고 있습니다. 불교 용어에도 세상에 있는 모든 것들이 다 연결되어 있다는 뜻의 '연기緣起'라는 표현이 있습니다. 레오나르도 다빈치도 "보는 법을 배워라. 모든 것은 서로 연결되어 있다"고 말했습니다.

　빵을 예로 들어보겠습니다. 우리가 빵을 먹기 위해서는 빵을 만드는 제빵사가 있어야 합니다. 제빵사가 빵을 만들기 위해서는 밀가루를 만들 밀을 재배하는 농부가 있어야 합니다. 또 밀가루를 판매하는 상인도 있어야 합니다. 제빵사가 밀가루와 효모를 사서 빵을 만들면 다시 농부나 상인이 빵을 사서 먹습니다. 각자 자신의 생존을 위해 일하는 것이지만, 모두 연결되어 다른 사람의 삶을 도와주고 있는 셈입니다. 이러한 순환과정에서는 어느 한 곳이라도 문제가 발생하면 다른 곳에 영향을 주게 됩니다.

1962년에 레이첼 카슨Rachel Carson은 인류에 의한 환경위기에 경종을 울리는《침묵의 봄Silent Spring》이라는 책을 펴냈습니다. 책에 따르면 모기와 병충해를 방제하기 위해 살충제인 DDT를 살포하자 식물이 오염되었고, 오염된 식물을 먹은 곤충이 죽었습니다. 새들도 죽은 곤충을 먹으면서 함께 죽게 되었습니다. 용케 살아남은 새들도 환경호르몬(내분비계 장애물질)의 영향으로 알을 낳지 못하거나 껍질이 얇아져 부화할 수 없었습니다. 그렇게 시간이 지나 봄이 와도 새들이 나타나지 않자 더 이상 새소리가 들리지 않는 '침묵의 봄'이 된 것입니다.

카슨의 책이 발표된 후 미국에서는 환경운동이 본격적으로 전개되기 시작했습니다. 환경운동의 영향으로 1963년 케네디 대통령은 환경문제를 다룰 자문위원회를 구성하고, 1969년 미국 의회에서는 국가환경정책법안을 통과시켰습니다. 그 뒤 DDT 사용이 금지되었고, 현재는 말라리아를 퇴치하기 위한 예외적인 경우를 제외하고는 일체 제조나 사용을 금지하고 있습니다.

하지만 농부들에게 농약은 없어서는 안 될 수단이었습니다. 병충해를 방제하고 깨끗하고 풍성한 식단을 만들기 위해 농약은 반드시 필요했습니다. 그런데 곤충을 죽이는 것은 곤충은 물론 곤충을 잡아먹는 다른 동물의 생명에도 위협적인 것입니다. 또 농약으로 환경이 오염되면 인류에게도 위험합니다. 단기적으로 볼 때는 인간처럼 덩치가 큰 동물은 농약의 영향이 적을 수 있습니다. 하지만 어린이나 임산부처럼 취약한 사람들은 쉽게 농약의 위험에 노출될 수 있으며, 건강한 성인도 지속적으로 농약에 노출되면 위험해질 수 있습니다.

과거 1960~1970년대에 우리나라에서는 '쥐잡기 운동'이 대대적으로 펼쳐진 적이 있습니다. 농가의 곡식을 축내고 질병을 퍼뜨리는 쥐를 잡기 위해 사람들은 쥐약을 놓았습니다. 그 효과는 바로 나타났습니다. 쥐들이 점점 죽어나가면서, 곡식을 지켜낼 수 있었고 질병으로부터 벗어난 듯했습니다. 하지만 마당에서 키우던 개나 고양이가 쥐약을 직접 먹거나, 죽은 쥐를 먹고는 이내 죽어버리고 말았습니다. 야생의 동물들에게도 문제가 발생했습니다. 여우와 같은 육식동물이 쥐약을 먹은 쥐를 먹고 죽게 된 것입니다. 결국 야생 여우는 멸종되었고, 더 이상 우리 주변에서 찾아볼 수 없게 되었습니다.

인류는 미래를 예측하는 능력은 부족하지만, 집단지성을 발휘해 문제를 해결하는 능력이 뛰어납니다. 한때 인류에게 도움이 된다고 믿었던 DDT라는 화학물질도 심각성을 인식한 뒤로는 각자 머리를 맞대어 효과적인 대책을 마련했습니다.

나의 삶도 나와는 관계없어 보이는 사람들의 영향을 받습니다. 세상에 사소하고 쓸모없는 것은 없습니다. 모두 각자의 역할이 중요하고, 어느 것 하나도 제 역할을 하지 못하면 자연의 순환구조에 문제를 일으킵니다. 만약 누구라도 문제를 인식했다면 외면하는 태도를 보여선 안 됩니다.

약한 놈도 최선을 다해 후손을 만든다
연어

연어는 강에서 태어나 바다로 이동하여 자라고, 몸집을 키운 후 다시 강으로 올라와 알을 낳고 생을 마감하는 회귀성 어류입니다. 우리나라의 동해, 오호츠크해, 북아메리카 서부 등에 분포하며, 산란기인 10~12월이 되면 자기가 태어난 강 상류로 올라와 수심 10~25cm 속 자갈이나 모래 바닥에 구멍을 파고 산란한 뒤 모래 등으로 덮는 습성을 가지고 있습니다.

연어는 자신이 태어난 고향에서 수천km나 떨어진 북태평양에서부터 거침없이 헤엄을 쳐서 고향 하천에 돌아온 후 즉시 산란 준비를 합니다. 암컷이 산란 둥지를 만들면 수컷은 암컷을 차지하기 위해 치열한 싸움을 벌입니다. 싸움에서 이긴 수컷이 '준비 완료' 사인을 보내면 암컷은 400개 정도의 알을 낳고, 주변을 맴돌던 수컷은 재빨리 다가와 수정을 합니다.

이때 암컷 연어 곁으로 살며시 다가와 순식간에 정액을 뿌리고 도망가는 작은 연어들이 있습니다. 각시송어, 곤들매기, 산천어 같은 민물고기는 바다로 가지 않고 강에서 자란 연어들입니다. 강에서 자란 덕분에 바다로 나간 수컷 연어보다 크기가 작아 다른 물고기처럼 보이는 것입니다.

연어처럼 체외수정을 하는 어류는 수컷이 암컷의 알에 정액을 뿌릴 수만 있다면 자신의 유전자를 남길 수 있습니다. 힘으로 암컷을 차지할 수 없는 작은 연어들이 도둑장가를 가는 것입니다. 그렇게 연어들은 큰놈과 작은놈이 함께 공존합니다.

돌아온 늑대가 생태계를 살리다

미국회색늑대

한때 북아메리카 지역에는 회색늑대가 많이 살고 있었습니다. 그러나 1850년부터 1900년 사이에 약 200만 마리가 사냥, 덫, 독약 등에 의해 죽음으로 내몰렸고, 1973년에는 겨우 400~500마리만 남게 되었습니다. 멸종위기에 몰린 늑대를 위해 그해 미국 의회에서는 멸종위기종에 대한 조례를 통과시켰습니다.

늑대는 미국 서부와 대평원 지역의 핵심적 포식자였습니다. 들소, 엘크, 순록, 긴귀사슴을 솎아내고 코요테 개체군의 크기를 조절하는 역할을 했습니다. 늑대가 사냥하고 먹다 남긴 고기는 까마귀, 대머리독수리, 곰, 흰담비, 여우처럼 사체를 먹는 동물(부육동물 Scavenger)이 처리했습니다. 그런데 늑대가 사라지면서 엘크나 미국 큰사슴, 영양 같은 초식동물의 개체수가 증가하기 시작했습니다. 초식동물이 늘어나자 식생은 황폐해지고 토양 침식이 늘어났습니다. 먹이사슬이 깨지기 시작하면서 모든 야생 생태계가 위협을 받은 것입니다.

1995년 미국 연방 야생동물보호국에서는 캐나다의 회색늑대를 포획해 옐로스톤국립공원과 아이다호 북부 지방에 방사했습니다. 종 복원 사업에 착수한 것입니다. 2004년에 확인한 결과 두 지역에서 약 760마리의 회색늑대가 생존해 있었다고 합니다.

늑대가 등장하자 엘크 같은 초식동물이 조금씩 줄어들고, 사시나무와 버드나무의 생장이 촉진되었으며, 비버가 다시 찾아오기 시작했습니다. 그리고 늑대가 잡아먹고 남은 엘크는 회색곰의 중요한 식량자원이 되어주었습니다. 또 늑대가 코요테를 위협하고 잡아먹자 코요테에게 잡아먹히던 다람쥐와 여우 같은 작은 동물의 숫자가 늘었고, 독수리와 매의 먹이가 풍부해졌습니다.

단순히 생각하면 늑대 같은 포식자가 초식동물을 잡아먹으면 생태계가 훼손될 것 같지만 이들은 초식동물의 개체 수를 조절해 생태계의 균형을 자연스럽게 유도합니다. 이것이 생태계가 스스로 보호하고 조절하는 원리입니다. 우리나라에서 지리산에 반달가슴곰을 복원하고, 여우를 방사하는 것은 이러한 생태계의 기능을 살린다는 중요한 목적을 가지고 있습니다.

나의 출현은 심판이다
메뚜기

메뚜기는 봄이면 알에서 깨어 허물을 여러 번 벗으며 자라고, 9월 중순 무렵이면 성체가 됩니다. 주변 환경에 따라 몸의 보호색을 바꿀 수 있어 갈색 메뚜기도 되었다가 녹색 메뚜기도 됩니다. 최근에는 농약 피해와 서식지 파괴로 인해 개체수가 대폭 줄어들어 들판에서 쉽게 찾아보기 어려워졌습니다.

미국의 소설가 펄 벅Pearl Buck은 《대지》에서 메뚜기를 농작물에 큰 피해를 주는 곤충으로 묘사했습니다. 실제로 아프리카와 서남 아시아, 중국에서는 메뚜기떼가 이동하면서 재앙을 일으킨 것이 역사 기록으로 남아 있습니다. 또 구약성서 출애굽기에는 여호와가 이집트 파라오를 심판하는 여덟 번째 재앙으로 메뚜기떼가 등장합니다.

1865년 시리아는 메뚜기떼로 인해 커다란 피해를 본 후 그해를 '메뚜기의 해'로 정했으며, 1915년 팔레스타인과 시리아 전 지역도 메뚜기 피해를 당했습니다. 2003년에는 엄청난 규모의 메뚜기떼가 사하라사막 남부를 출발해 바다를 건너 카나리아 제도에 출몰하기도 했고, 2017년에는 볼리비아에 메뚜기떼가 출현해 식물위생 비상사태가 선포된 적도 있습니다.

메뚜기는 식욕이 왕성해서 하루 동안 자기 몸무게만큼의 먹이를 먹어치웁니다. 그리고 개체수가 증가하면 먹이를 찾아 기름진 땅으로 이동하는 습성을 가지고 있습니다. 그래서 개체수가 엄청나게 증가한 메뚜기떼가 출몰하면 낙원이라고 여겼던 땅도 단숨에 황무지로 돌변하고 맙니다.

우리나라에서는 2014년 8월 전남 해남군 산이면 지역에서 수십억 마리로 추정되는 풀무치(황충蝗蟲)떼가 나타나 대규모 피해를 일으켰습니다. 《삼국사기》나 《실록》에도 "황충이 창궐해 곡식을 먹어치웠다"는 기록이 남아 있어 당시에도 메뚜기에 의한 피해가 심각했던 것으로 보입니다. 특히 가뭄과 메뚜기, 풀무치의 발생 시기가 자주 일치합니다. 또 서기 800년경에는 매우 심각한 가뭄과 함께 메뚜기떼 피해를 세 번이나 겪었다는 기록이 남아 있어, 당시의 삶이 얼마나 궁핍했을지 예측할 수 있습니다.

4
공존의 전략,
함께해야 모두가 살 수 있다

침팬지 | 개미 | 대구 | 사바나의 초식동물

착한 사람, 착한 기업이 성공한다.

기업이 선한 일을 할수록

그 결과로 판매와 수익이 늘어난다.

수입이 5만 달러 이상인 미국 가정 중에서

자신들이 지지하는 목적에

어떤 기업이 관련되어 있을 때

그 이유만으로 그 기업의 상표를

선택하는 비율이 82%에 이른다.

－존 나이스비트

모든 생명체는 임신과 출산을 하면서 엄청난 에너지를 사용합니다. 그래서 주기적으로 알을 낳는 닭이나 오리 같은 일부 조류는 알을 낳느라 많은 에너지를 쓴 암컷이 수컷보다 먼저 죽습니다. 그런데 인간은 여성이 임신과 출산을 담당하지만, 남성보다 오래 삽니다. 원숭이도 암컷이 수컷보다 오래 사는 종이 많은데, 주로 암컷이 혼자서 육아를 담당하는 종에서만 나타나는 현상입니다.

남아메리카 티티원숭이의 경우에는 영장류 중에서는 드물게 암컷은 새끼에게 젖만 주고, 수컷이 양육을 담당합니다. 이 원숭이 수컷은 암컷보다 오래 삽니다. 말레이시아 열대우림에 사는 큰긴팔원숭이는 암수가 함께 자식을 기르지만, 새끼들이 아버지에 대해 강한 애착을 보입니다. 이 원숭이의 경우에도 수컷이 암컷보다 9% 정도 오래 삽니다.

자녀 양육을 담당하는 개체는 많은 에너지를 쓸 수밖에 없습니다. 그런데 그만큼 에너지를 쓰면서도 자녀 양육을 하지 않는 개체보다 오래 산다는 것은 자연의 신비입니다. 어떤 학자들은 가까운 사람과 함께 있을 때 아편과 비슷한 오피오이드라는 화학성분이 분비되기 때문이라고 합니다. 오피오이드는 안전과 행복의 기분을 느끼게 해주어 면역체계를 강화시키는 기능이 있습니다. 그래서 아이의 출산과 육아를 담당하는 개체가 엄청난 에너지 소모에도 불구하고 더 오래 살 수 있다는 것입니다. 예일대학교에서 9년

간 7000명을 대상으로 연구한 결과 '주위 사람들과 원만하게 지내고 남을 기꺼이 돕는 사람은 남에게 해를 끼치더라도 자신의 이익을 확보하려는 사람보다 건강 상태가 훨씬 좋았고 사망률도 훨씬 낮아진다'고 합니다. 내가 아닌 다른 존재를 배려하고, 그들을 위해 희생할 때 자신에게도 이익이 된다는 의미입니다.

모든 종교는 이웃 사랑을 강조합니다. 이웃과 같은 가까운 집단의 구성원을 위해 서로 희생할 때 집단은 더욱 안전해지고, 결국 자신에게도 도움이 됩니다. 2500년 전 공자는 "문밖에 나가면 만나는 모든 사람을 큰 손님 만나듯이 하라." "내가 하고 싶지 않은 일을 남에게 시키기 말라!"고 했습니다. 인도의 힌두교 경전인《아샤 우파니샤드》는 "모든 존재가 자기 안에 있고 자기가 모든 존재 안에 있다는 것을 아는 자는 누구도 미워하지 않는다"고 강조했습니다.

유대교, 기독교, 유교, 불교, 힌두교 등 오랜 시간 인류에게 가르침을 전한 종교들은 서로 다른 시대적 · 문화적 · 경제적 배경을 갖고 있지만, 모두 '이타주의'를 강조합니다. 기독교에서도 "내 이웃을 네 몸과 같이 사랑하라." "원수를 사랑하라."라고 하면서 이웃과 서로 사랑하고 협조해야 한다고 가르칩니다.

또 부처는 제자들에게 모든 생명체를 사랑과 연민으로 대하라고 설파했으며, 자이나교는 평화를 사랑하고 채식을 하며 벌레 한 마리도 해치지 말 것을 강조합니다. 이웃의 범위를 다른 모든 생명체까지 확대한 것입니다.

기본적으로 모든 생명체는 이기적 유전자를 타고났습니다. 인류는 역사적으로 봐도 집단을 구성해 경쟁력을 강화시키는 방향으로 발전해왔는데, 만약 모든 사람이 이기적인 본능을 따른다면, 결국 집단은 분열되고 힘이 약해질 것입니다. 그래서 집단을 결속하고 보다 나은 발전을 이루려면 배려와 상생, 즉 이타주의가 필요합니다.

하지만 경쟁과 이타주의는 정반대의 속성을 가지고 있습니다. 예를 들어 짝짓기 상대를 두고 집단 내에서 경쟁할 때 처음부터 경쟁자에게 양보한다면 자신의 후손을 남길 수 없을 것입니다. 그래서 이기주의와 이타주의의 절충안을 찾아야 합니다.

공동체 내부에 이기주의가 팽배하면 공동체의 힘이 약해지고, 이타주의가 확산되면 개체의 힘이 약해집니다. 따라서 이기주의와 이타주의는 조화롭게 공존해야 합니다. 관현악단 연주에서도 드럼이나 북은 연주하는 시간은 짧지만 강약 조절을 통해 전체 연주를 살려줍니다. 전체와 조화를 이루는 이타주의와 이기주의가 균형을 이루어야 전체의 힘이 강해질 수 있습니다.

공동의 적이 있으면 서로 도와준다

침팬지

영장목 사람과의 포유류인 침팬지는 열대우림에 사는 유인원입니다. 과일, 식물, 곤충 및 견과류 등을 먹는 잡식성 동물이지만 육식도 좋아합니다. 먹이를 먹을 때나 적을 공격할 때는 도구를 사용하기도 합니다. 돌을 이용해 단단한 견과류 껍데기를 깨기도 하고, 나뭇가지를 이용해 흰개미를 잡기도 합니다.

침팬지들은 간혹 다른 침팬지 무리를 공격하고서 죽은 침팬지의 고기를 먹기도 하고, 같은 무리의 새끼 침팬지를 어미로부터 빼앗아 잡아먹기도 합니다. 같은 무리의 구성원 간에는 결속력이 매우 강하지만, 다른 무리에게는 매우 폐쇄적이고 공격성을 잘 드러냅니다. 자신들의 영토에 다른 무리가 들어오는 것을 필사적으로 막기 때문에 무리 사이의 싸움도 많이 일어납니다.

10세 무렵이 되면 성적으로 성숙해져서 집단 내에서 자유롭게 성관계를 맺으며 살아갑니다. 30~80마리가 비교적 안정된 사회적 단위를 유지하면서 생활하지만, 가족과 같은 하위단위下位單位는 없습니다. 게다가 일반적으로 침팬지는 부성애가 없습니다. 수컷은 짝짓기를 마치면 그것으로 끝이고, 다른 무리와 싸움이 벌어질 때 자기 새끼를 물어 죽이기도 합니다.

그런데 코트디부아르의 타이 국립공원에 살고 있는 침팬지는 각별한 결속력을 보여줍니다. 이들을 위협하는 포식자는 바로 표범입니다. 표범의 습격으로부터 자신들을 방어하기 위해 침팬지들은 서로 협력해 방어하며 살아갑니다. 따라서 개체수가 많을수록 자신을 지키는 데 유리합니다.

표범이 침팬지 무리를 공격하면 서로 보호할 뿐 아니라 부상당한 동료의 상처를 몇 시간 동안 계속 핥아주기도 합니다. 만약 부상자가 제대로 움직이지 못하면 집단의 이동 속도를 늦추기도 합니다. 또 동료가 죽으면 남은 동료가 죽은 동료의 새끼를 거두어 키웁니다. 대부분 죽은 어미의 자매가 어미 역할을 맡지만, 혈연관계가 없는 동료의 새끼를 보살피기도 합니다. 이기적인 침팬지도 자신과 집단 전체의 생존이 위태로워지면, 이타적 행동으로 집단을 위해 헌신할 수 있다는 것을 보여주는 사례입니다.

이타주의로 강해지다
개미

지구상에 살고 있는 개체 중에서 단일종의 무게를 모두 합했을 때 가장 무거운 생명체는 바로 개미입니다. 무려 1만2000종 이상의 개미가 1경, 즉 10^{16}마리에 이를 정도로 지구상에 많이 살고 있습니다.

모든 개미 종류 중 4분의 3은 열대우림 지역에 살고 있습니다. $1m^2$에 평균 약 950마리가 살고 있는데, $1km^2$로 따지면 9억5000만 마리인 셈입니다. 이곳 개미들의 무게만 합해도 같은 면적에 사는 포유류, 조류, 파충류, 양서류를 모두 합한 몸무게보다 많이 나갑니다.

개미는 대표적인 사회성 곤충입니다. 개미의 집단 자체가 하나의 초유기체Super-Organism처럼 작동하며, 각자의 역할이 체계적으로 조직화되어 있습니다. 개미는 화학물질인 페로몬으로 의사소통을 합니다. 짝짓기 준비를 마친 여왕개미가 높은 곳으로 올라가 사랑의 페로몬을 내뿜으면 근처의 모든 수개미는 사랑의 열정에 휩싸이게 됩니다. 개미들은 공중에서도, 땅 위에서도, '짝짓기 공'에서도 사랑을 합니다. '짝짓기 공'은 사랑에 빠진 수개미떼가 여왕개미를 완전히 둘러싼 것을 의미합니다.

개미는 상대방을 공격할 때 침투전략과 합동작전을 병행합니다. 미국 텍사스주에 서식하는 개미인 애집개미는 공격 상대가 정해지면 바로 물지 않고 일단 상대의 몸 깊숙이 침투합니다. 수백 마리가 함께 움직이지만, 워낙 크기가 작고 무게도 2mg에 불과해 상대방이 전혀 눈치채지 못하게 행동할 수 있습니다.

애집개미들은 공격 상대를 물 때 독을 내뿜으면서 방향물질도 함께 분비합니다. 그러면 공기 중으로 퍼진 방향물질 냄새를 맡은 또 다른 개미가 물고, 다시 냄새를 맡은 개미가 무는 방식으로 연쇄적으로 공격합니다. 이렇게 은밀한 방식으로 이루어지는 집단공격에 사람과 같이 덩치가 큰 동물도 별다른 저항을 할 수 없게 됩니다.

그런가 하면 개미는 다른 곤충과 공생하기도 합니다. 무려 200종 이상의 개미가 균류를 길러 식량으로 삼습니다. 남아메리카에 사는 잎꾼개미는 버섯을 기르는데, 나뭇잎을 잘라 둥지로 옮겨 거름으로 쓸 줄 알고, 일부를 솎아내면서 가꾸기도 합니다. 또한 버섯이 기생충에 감염되지 않도록 강력한 박테리아로 소독할 줄도 압니다.

단물을 좋아하는 개미들은 단물을 만들어 주는 진딧물을 다른 포식자들로부터 보호하기도 합니다. 호주 북부 지역에 서식하는 푸른베짜기개미는 실을 뽑을 수 있는 애벌레를 물고 다니면서 나뭇잎을 붙여 나무 위에 둥지를 짓고 살기도 합니다. 소통과 협력을 통해 개미들은 생존방식을 진화시키고 변화에 적응하면서 강한 곤충으로서의 지위를 유지하고 있습니다.

인간의 포획압력으로 덩치가 작아지다

대구

야생의 세계에서 육식동물은 크고 강한 개체보다 작고 힘없는 개체, 한마디로 어리거나 늙은 개체를 먼저 잡아먹습니다. 사냥할 때 부상의 위험을 피하고 에너지 소비를 최소화할 수 있기 때문입니다. 사람들은 도구를 사용하여 사냥을 하므로 에너지 소비를 줄일 수 있습니다. 또한 도구를 사용하면 큰 먹잇감이나 작은 먹잇감이나 비슷한 에너지를 사용하여 잡게 되므로 이왕이면 큰 먹잇감을 잡으려고 노력합니다. 낚시를 할 때와 그물을 사용할 때를 비교해서 상상하면 됩니다.

사람들이 큰 개체를 남획하기 시작하면서 생태계에서는 덜 자라고 작은 개체들이 번식에 참여하게 됩니다. 결국 사람들이 주로 잡는 어류나 동물들은 전반적으로 개체의 크기가 작아지게 된 것입니다. 그래서 예전에는 큰 물고기들이 많이 잡혔는데 요즘은 작은 물고기들만 잡힌다고 합니다.

캐나다 뉴펀들랜드 지역에서는 한때 몸길이 180cm, 무게 100kg에 달하는 거대한 대구가 잡혔다고 합니다. 깊은 바다에 살면서 매우 느리게 성장하는 대구는 4~5년이 되어야 성체가 되고, 6~7년생부터 산란을 시작합니다. 대구가 제대로 다 자라기 위해서는 10년이 넘어야 합니다. 하지만 손으로 고기를 낚던 시대에서 기계가 고기를 잡는 시대로 넘어오면서 크고 성숙한 대구를 마구 잡아들였습니다. 다 자란 대구를 사람들이 잡아들이면서 작은 개체나 성장이 덜 된 개체들이 번식에 참여하게 되자, 대부분의 후손들은 덩치가 작아지게 되었습니다.

　미국 캘리포니아대학교 연구진에 따르면 인간의 포획 대상이 되는 종은 그렇지 않은 종에 비해 진화속도가 3배나 빠르다고 합니다. 대신 몸의 크기는 20% 작아지고, 번식에 이르는 시기는 25% 앞당겨진다고 합니다.

　반면 사람들이 키우는 가축이나 양식하는 물고기는 다른 양상을 띱니다. 대량생산으로 빠르게 공급해야 하고, 사료 효율성도 높여야 하기 때문에 다 자라지 않은 어린 가축을 도축하거나 일정 크기로 자란 물고기들을 상품으로 내놓습니다. 대신 가장 크고 건장한 가축과 물고기를 보존해 번식에 활용합니다. 생태계의 다양성보다는 효율성을 먼저 생각하는 방식입니다. 인간의 포획방식과 단일 품종의 양식으로 인해 자연은 다양성을 잃고, 자연에서 살아가는 개체의 크기도 줄어들고 있습니다.

나누니까 공존한다
사바나의 초식동물

열대 초원인 사바나 지역에서는 많은 종류의 초식동물과 육식동물이 공존하고 있습니다. 특히 대형 초식동물들은 여러 가지 동물들과 함께 거대한 무리를 지어 초원의 풀을 뜯습니다. 이와 같이 같은 공간에 많은 동물들이 함께 살면 먹이를 두고 서로 싸우게 될 텐데, 생각만큼 싸우는 모습을 보기는 힘듭니다. 초식동물들이 경쟁을 최소화하기 위해 서로 다른 식물에 특화하여 먹기 때문입니다.

기린은 나무 높은 곳에 있는 잎과 어린싹을 먹고, 코끼리는 아래쪽 잎과 가지를 먹습니다. 톰슨가젤, 누Gnu는 짧은 풀을, 얼룩말은 그보다 큰 풀과 줄기를 뜯어 먹습니다. 서로 먹는 것을 달리하면서 경쟁을 피하고 공존을 도모하는 것입니다.

한때 사람들이 사바나 지역에서 소를 사육하려고 시도한 적이 있었지만, 실패로 끝났습니다. 소떼는 사바나의 초식동물보다 더 많은 물을 마셔야 합니다. 그래서 사람들은 소떼를 몰고 물이 있는 웅덩이를 찾아 옮겨 다녀야 했고, 이 과정에서 사바나 지역의 풀을 밟아 죽이는 바람에 땅이 황폐해졌습니다. 더구나 소는 축축한 분뇨를 배설하기 때문에 분뇨가 마르는 과정에서 땅에 있는 식물들이 말라 죽고, 물이 스며들지 않는 땅덩어리로 변해갔습니다.

그에 반해 톰슨가젤 같은 토착 초식동물은 마른 분뇨 덩어리를 배설하기 때문에 땅에서 자라는 식물의 생장에 영향을 주지 않습니다. 또한 배설물도 빠르게 분해되기 때문에 쉽게 땅의 영양분으로 전환됩니다. 그래서 자연을 해치지 않고 함께 살아가기 위해서는 환경에 적응하지 못한 동식물을 억지로 키우지 말라는 말도 있습니다.

5
마무리 전략,
남아 있는 흔적이 발목을 잡는다

독수리 | 상어 | 해심 | 지렁이 | 간극동물

비우지 않으면 그릇에 새 밥을 담을 수 없습니다.

비우지 않으면 독에 새 장을 담글 수 없습니다.

비우지 않으면 내 마음에 꿈과 행복도 담을 수 없습니다.

비우면 비운 만큼 부자가 됩니다.

－승한 스님, 《좋아 좋아》 중에서

생명은 1차 자원인 태양에너지의 흐름에서 시작됩니다. 생태계 제
일 아래 칸에는 태양에너지와 무기물질을 바탕으로 광합성을 하
는 식물과, 엽록소를 가진 조류가 있습니다. 이들은 무기물에서

유기물을 만들어내고, 이산화탄소를 이용해서 산소를 배출하는 '1차 생산자'가 됩니다. 모든 생명체는 1차 생산자에 의존하고 있습니다.

1차 생산자가 만든 유기물질은 '1차 소비자'인 초식동물(곤충류, 연체동물, 조류, 포유류 등)의 식량이자 에너지 공급원이 됩니다. 1차 소비자 역시 성장하고 번식하기 위해 스스로 세포를 합성합니다. 그러므로 그들은 1차 소비자인 동시에 생산자, 즉 '2차 생산자'가 됩니다. 1차 소비자이면서 2차 생산자인 초식동물을 먹는 동물을 '2차 소비자'라고 부릅니다. 곤충은 다른 곤충이나 조류 등의 먹이가 됩니다. 이 2차 소비자 역시 상위의 육식동물이나 기생충 등 '3차 소비자'의 식량공급원이 됩니다.

이러한 먹이사슬 관계는 위로 올라갈수록 사용할 수 있는 자원이 줄어들고 흩어져 있습니다. 그래서 먹이사슬 구조가 완성되기 위해서는 1차 생산자가 많아야 하고 널리 분포해야 합니다. 1차 생산자인 식물이 생산활동을 왕성하게 하기 위해서는 무기물질이 풍부해야 합니다. 이는 1차, 2차, 3차 소비자의 배설물이나 사체를 통해 공급됩니다. 이른바 '자원의 재순환' 과정입니다.

이 과정이 없다면 식물이 이용할 수 있는 무기물질이 줄어들고 지구 표면은 사체와 유기물질 찌꺼기로 넘쳐나게 됩니다. 유기물질의 재순환 과정(분해 혹은 무기물화 과정)은 분해자, 주로 극소 유기체(박테리아와 균류)와 무척추동물에 의해 이루어집니다.

이러한 자연의 먹이사슬 과정은 자연이 스스로 만든 쓰레기를 처리하는 폐기물 처리 시스템이기도 합니다. 태풍이나 산불로 자연에서 쓰레기가 산더미처럼 발생해도, 자연에 장착된 청소 장치가 즉각 작동하여 얼마 안 가 원래와 비슷한 깨끗한 상태로 돌아갑니다.

동물이 죽어 사체가 생기면 독수리나 하이에나 등 육식동물이 나타나 살과 내장을 먹어 없앱니다. 육식동물이 고깃덩이를 남기면 작은 잡식성 동물과 곤충의 차지가 됩니다. 검정파리Calliphora, 금파리Lucilia, 쉬파리Sarcophaga, 수시렁이, 침파리Ophyra, 송장벌레, 개미와 같은 곤충들도 사체를 자연으로 돌려보냅니다. 그래도 남으면 그것은 미생물이 처리합니다. 자연의 청소 시스템은 육식동물에서 미생물에 이르기까지 촘촘하게 짜여 있습니다.

청소동물의 역할은 동물의 사체를 없애 사체를 매개로 발생하는 질병 등을 예방하는 데까지 미칩니다. 공중에서는 독수리, 까치, 까마귀가, 육지에서는 하이에나, 너구리 등 육식동물과 송장벌레, 개미, 파리 등의 곤충이, 바다에서는 상어, 게, 불가사리, 갯강구, 해삼 등 여러 가지 동물들이 청소를 합니다.

우리 사회에서는 환경미화원들의 노고로 집 주변과 도로가 깨끗해지고, 건강한 환경이 유지됩니다. 그러나 아직까지 인류가 개발한 청소 시스템은 극히 원시적인 수준입니다. 쓰레기의 대부분을 땅에 묻거나 불로 태우는 데 그치기 때문입니다. 자연과 같이 자연스럽게 재활용하여 다시 순환 시스템으로 돌려보내지는 못합니다. 필요가 없어진 폐기물을 자원의 순환과정에 돌려주는 방법을 개발하지 못한다면 지구는 지속가능해질 수 없습니다. 자원의 순환과 재활용은 지구가 46억년 동안 모든 생명체를 살려왔던 기본원리라는 것을 깊이 인식해야 합니다.

하늘을 날면서 땅 위를 청소한다
독수리

다른 동물을 사냥해 포식하는 육식성 새 중에서 가장 강인한 개체인 검독수리는 날카로운 부리와 발톱 등 동물을 사냥하는 데 적합한 체형을 가지고 있습니다. 주로 토끼 같은 작은 포유류, 꿩이나 산새 같은 조류, 또는 뱀 등을 잡아먹지만 때로는 여우나 늑대와 같은 육식성 동물도 사냥합니다.

반면 수리류에서 가장 덩치가 큰 독수리는 살아 있는 동물을 사냥하지 못하고, 주로 짐승의 사체나 병들어 죽어가는 짐승을 먹습니다. 일반적인 맹금류에 비해 부리가 두툼하고, 발톱은 짧으며, 발도 두툼해 사냥은 서투지만, 사체를 잡고 뜯어 먹을 수는 있습니다. 독수리는 중앙아시아, 티베트, 몽골, 중국 북동부에서 번식하고, 우리나라에는 겨울을 보내기 위해 철원평야, 장단반도, 경남 고성 등에 찾아옵니다.

독수리가 우리나라를 찾는 이유는 몽골 등의 지역이 겨울에 너무 춥고 먹이 찾기가 어렵기 때문입니다. 그런데 우리나라도 최근 도시화로 자연 생태계가 우수한 지역이 많이 줄어들고 야생동물 사체도 별로 발생하지 않자 독수리들의 겨울나기가 어려워졌다고 합니다. 일부 축산 농가에서 나오는 부산물과 사고로 죽은 야생동물 사체로 근근이 버티지만, 그것도 여의치 않아 탈진하는 사례가 많이 발생합니다.

독수리가 사체를 먹어도 질병에 걸리지 않는 이유는 강한 위산 때문입니다. 맹금류는 대부분 먹은 고기를 빨리 소화해 몸속에서 부패하지 않도록 하는 강한 위산을 가지고 있습니다. 또한 완전한 사체를 먹기 때문에 강한 면역체계를 가지고 있습니다. 그런데도 먹을거리가 없어서 멸종위기종이 되었습니다.

상위 포식자인 맹금류가 유지된다는 것은 먹이가 될 생물이 많다는 것을 의미하며, 그만큼 그 지역의 생물다양성이 지켜지고 있다는 것을 뜻합니다. 멸종위기에 처한 독수리의 운명이 미래의 우리 운명이 될 수도 있습니다.

포악한 사냥으로 바다를 청소한다

상어

    상어는 가장 강력한 바다의 포식자입니다. 가장 오래된 상어 화석이 지금으로부터 4억 년 전의 고생대 데본기 지층에서 발견될 정도로 오랫동안 종을 유지한 동물입니다. 대부분 바다에 살고 있으나, 남아메리카나 동남아시아에는 민물에 사는 종도 있습니다. 큰 금붕어 정도로 작은 난쟁이상어에서 최대 18m까지 자라는 고래상어에 이르기까지 크기도 다양합니다. 영화〈죠스Jaws〉에 나오는 거대한 식인상어도 있지만, 고래상어, 돌묵상어Basking Shark, 큰입상어Megamouth Shark는 플랑크톤을 입으로 걸러먹는 온화한 성격을 가지고 있습니다.

    사람에게 피해를 주는 상어는 백상어, 황소상어, 타이거상어, 망치상어, 청상어 등으로 세계적으로 연간 60~100명의 사람에게 해를 가하고 있습니다. 주로 잠수부나 파도 타는 사람들을 먹잇감으로 오인한 백상어의 공격으로 피해를 입습니다.

    포악한 동물로 묘사되는 상어가 바다에서 수행하는 중요한 역할이 있습니다. 바로 병들고 부상당한 동물들을 먹어 치워 바다를 깨끗하게 하는 청소부 역할입니다. 바다의 최상위 포식자로서 다른 동물을 잡아먹으면서 생명을 유지하고 있지만, 깨끗한 바다를 만

들어 다른 바다생물의 생존환경을 지켜주는 또 다른 중요한 임무
도 수행하고 있는 것입니다.

바다 바닥의 청소당번이다
해삼

해삼은 앞뒤로 긴 원통 모양의 몸을 가지고 있습니다. 몸의 앞쪽 끝
에는 입이 열려 있고 그 둘레에 촉수가 여럿 달려 있으며, 뒤쪽 끝
에는 항문이 있습니다. 크기가 천차만별로, 작은 것은 2cm, 큰 것은
150cm인 것도 있습니다. 해삼은 수온 17℃ 이하에서 식욕이 왕성
하고 활발하게 운동하나, 17℃가 넘으면 먹는 것을 중지하고, 25℃
이상이 되면 여름잠을 잡니다. 겨울에서 봄까지는 쉽게 볼 수 있으
나, 한여름에는 사라지는 이유입니다.

　서양에서는 그 생김새 때문에 해삼을 매우 역겨운 동물로 취급
합니다. 로마인들은 해삼을 '팔루스 마리누스Pallus Marinus(바다 페니
스)'라 불렀고, 다윈도 "질척거리고 역겹다"며 폄하했습니다. 멕시
코에는 '당나귀 똥'이라고 불리는 종도 있습니다. 반면, 동양에서는
'바다의 인삼'이라고 부르면서, 건강에 좋고 맛있는 식재료로 귀하
게 대접합니다. 인도네시아 어부들은 16세기부터 오스트레일리아

토착민으로부터 해삼을 수입했습니다. 다른 아시아인들도 마른 해삼을 먹으면 성욕이 생기고 통증이 가라앉는다고 생각합니다. 동양 사람과 서양 사람이 사물을 보는 인식에서 차이가 있는 것이 많습니다만 해삼처럼 큰 것도 많지 않습니다.

해삼은 지구의 모든 바다 밑바닥을 청소해주는 소중한 역할을 담당합니다. 바다 밑에 죽은 식물과 동물성 물질의 90% 이상을 처리하여 바닷속에서 다른 생명체가 건강하게 살 수 있도록 도와줍니다. 먹이를 먹을 때 촉수로 바다 밑에 깔린 모래 진흙을 입에 넣어 그 속에 있는 작은 생물을 잡아먹고 모래와 배설물을 밖으로 내보냅니다. 그 과정에서 바다 밑바닥이 깨끗해집니다.

땅의 생명력은 내가 지킨다
지렁이

지렁이는 고리環 모양의 마디가 여러 개 있어 갯지렁이, 거머리와 함께 환형동물環形動物, Annelida로 불립니다. 대표적인 붉은지렁이는 성장하면 몸길이 12~30cm에 100~175개의 마디를 갖게 되는데, 열대지방에는 4m가 넘는 것도 있습니다. 1년에 10개에서 수백 개의 알을 낳고, 새끼는 1년 후에 성체가 되며, 수명은 4~8년 남짓입니다.

지렁이는 들판의 흙, 늪, 동굴, 해안 등 살지 않는 곳이 없습니다. 지렁이는 땅속 생활에 쉽게 적응하기 위해 구조를 단순화했기 때문입니다. 손이나 발 같은 몸속의 많은 기관을 없앴으며, 눈도 퇴화시켰습니다. 그래서 전혀 터무니없는 일이나 아주 부드럽고 말랑말랑한 것을 "지렁이 갈빗대 같다"고 합니다.

우리 주변에서 가장 대우를 받지 못하지만, 지렁이가 없으면 지구의 건강이 유지될 수 없습니다. 지렁이가 자연에서 하는 가장 중요한 역할은 청소입니다. 지렁이는 집이라고 만든 땅굴 속에 낙엽 등 자연의 쓰레기를 물어 들여 썩게 만듭니다. 잡식성으로 세균(박테리아)이나 곰팡이(토양미생물), 식물 부스러기, 동물 사체, 배설물 등을 먹어 치우고 소화시킨 후 배설하는 똥은 땅을 기름지게 합니다.

또한 지렁이는 흙 속에 길을 만들어 스며든 공기로 땅이 숨을 쉴 수 있도록 도와줍니다. 그러면 흙이 부드러워져 식물이 쉽게 뿌리를 내릴 수 있습니다. 다른 동물의 먹잇감이 되어 생태계 먹이사슬의 아랫단을 탄탄하게 해주는 것도 중요한 기능입니다.

모두가 무시하지만 지렁이의 역할을 알고 대우를 해준 사람도 있습니다. 이집트의 여왕 클레오파트라는 지렁이를 신성시했습니다. 그래서 이집트에서 지렁이를 죽이는 것은 사형에 처할 수 있는 중범죄였습니다. 찰스 다윈도 지렁이를 좋아해 지렁이의 땅굴을 '흙의 창자Intestine of Soil'라 불렀고, 며칠 동안 자기 집 뜰에 사는 지렁이의 개수를 세기도 했습니다.

강한 생명력으로 모래를 책임진다
간극동물

바닷물이 오가고 햇빛에 반사되면 은빛으로 빛나는 바닷가 모래사장은 깨끗하고 아름다워 보입니다. 그러나 모래사장에 발을 딛는 순간 10만 마리 정도의 벌레들이 발바닥에 달라붙고, 돗자리라도 깔아치면 그 아래로 약 1000만 마리의 벌레가 우글거린다는 사실을 아는 사람은 많지 않습니다. 바닷가 모래사장에는 바닷물이 표면장력을 일으키기 때문에 모래알 사이에 얇은 막이 만들어져 모래가 서로 달라붙지 않습니다. 이때 생긴 모래와 모래 사이가 간극이며, 이곳에 사는 벌레를 간극동물군Interstitial Fauna이라고 부릅니다. 몸집이 너무 작아 육안으로는 볼 수 없고 현미경으로만 볼 수 있습니다.

대부분의 간극동물은 유기물 찌꺼기를 먹고사는 모래사장의 환경미화원입니다. 이들은 박테리아와 협력하여 바닷물과 백사장의 오염물질을 처리합니다. 해수욕장 모래에 있는 간극동물은 피서객의 몸에서 떨어져 나온 오일이나 선크림 찌꺼기까지 깨끗이 제거합니다.

간극동물 중에 곰벌레라는 것이 있습니다. 모래사장은 물론 지붕의 빗물 홈통, 열대우림이나 극지방 빙하 속에서도 살아남는 동물입니다. 곰벌레는 환경이 지독히 춥거나 건조하거나 더워지면 일시적으로 물질대사를 중단하여 생물학적으로 죽은 상태가 되었다가도, 적합한 환경조건이 갖추어지면 불과 15분 만에 스스로 깨어납니다. 환경에 따라 죽었다가 부활하는 놀라운 능력입니다. 곰벌레는 물의 끓는점보다 높은 섭씨 125℃에서도, 모든 생명체가 살 수 없는 영하 272℃에서도 살아남습니다. 그래서 혹자는 곰벌레가 지구 밖 혜성이나 UFO에 실려 지구에 들어온 외계 생명체가 아닐까 추측하기도 합니다.

6
고령화 시대의 전략,
은퇴 이후의 삶을 준비하라

향유고래 | 코끼리 | 원숭이

나는 존재한 적이 없었지만,

언제나 있을 것이다.

나를 본 사람은 없었고,

앞으로도 볼 수 없을 것이다.

그러나 살아 숨 쉬는 모든 존재들은

내가 있다고 믿는다.

나는 무엇이냐?

답: 내일Tomorrow

- 스핑크스의 수수께끼, 영화〈갓 오브 이집트〉

UN은 65세 이상의 노인 인구 비율이 전체 인구의 7%를 넘으면 고령화사회, 14%를 넘으면 고령사회, 그리고 20%를 넘으면 초고령사회로 분류하고 있습니다. 우리나라는 2017년 8월 말 노인 인구가 725만 명으로 전체 인구의 14%를 넘으면서 고령사회에 진입했습니다. 베이비부머들이 본격적으로 노인 인구로 편입되면서 2026년에는 우리나라도 초고령사회에 진입할 것으로 전망됩니다.

한국이 고령화사회에서 고령사회로 진입한 속도는 세계 최고라고 합니다. 프랑스는 115년, 미국은 73년, 독일은 40년이 걸렸지만, 우리나라는 17년밖에 걸리지 않았습니다. 2015년 기준 UN인구통계에 따르면 노인 인구 비율이 20%를 넘은 국가는 일본, 이탈리아, 독일 등 7개국, 14~20%에 속하는 국가는 스웨덴, 프랑스 등 40개국입니다. 우리나라의 노인 인구 비율은 현재 세계 53위이지만 2060년이 되면 세계 1위가 될 것으로 전망됩니다.

고령사회가 되면 어르신 부양이 중요한 사회문제로 대두됩니다. 노인과 젊은이들이 일자리를 놓고 경쟁해야 하고, 건강보험·연금·노인 교통 등의 사회안전망에 대한 문제도 챙겨야 합니다. 특히 우리나라는 저출산 노령화 속도가 빨라 사회제도 개혁이나 국민들 사이의 의식 개선에도 많은 노력이 필요합니다.

야생의 세계에서는 자식을 낳는 생식기능이 끝나거나 짝짓기를 끝내는 순간 삶의 막바지에 접어들기 때문에 노후에 대한 문제가 심각하지 않습니다. 그러나 인간을 비롯한 일부 영장류나 코끼리, 고래 등의 동물은 생식이 중단된 이후에도 무리에 남아 살아가기 때문에 노후문제를 생각하지 않을 수 없습니다.

공동체의 한정된 식량자원을 생각하면, 젊은 동물들에게 늙은 동물은 부담스러울 것입니다. 그래서 늙은 동물들은 나름대로 자신의 역할을 수행하면서 무리의 일원으로 남아 있으려 합니다. 하지만 대부분의 수컷은 무리에 남아 있는 경우가 드물어서 무리에 속한 암컷 위주로 현황을 파악할 수밖에 없습니다.

첫째, 할머니 가설이 있습니다. 늙은 암컷은 젊은 지도자가 낳은 새끼들이 성숙할 때까지 유모가 되어 무리에 남는다는 주장입니다. 우두머리 암컷이 무리를 이끌면서 자기 자식들을 돌보는 역할까지 동시에 하려면 부담이 너무 크기 때문에 늙은 암컷이 무리에 남아 어린 새끼들을 돌본다는 것입니다. 바다사자는 무리를 이루었을 때 새끼를 무사히 키울 가능성이 높아집니다. 바다사자에 대한 연구에 따르면 무리를 이룬 암컷이 낳은 143마리의 새끼 중 생식연령이 되기 전에 죽은 개체수는 단 한 마리였지만, 암컷과 수컷 단둘이 짝짓기를 한 경우에는 57마리의 새끼 중에서 60%가 죽었다고 합니다. 새끼들의 생존이 할머니 암컷 덕택이라는 의미입니다.

둘째, 파수꾼 가설이 있습니다. 쥐, 고슴도치, 토끼 같은 동물들은 선잠을 자면서 주변을 경계하는 수면습관을 가지고 있어 포식자의 공격을 쉽게 피할 수 있다고 합니다. 이와 비슷한 맥락에서 진화인류학자들은 노인성 불면증이 맹수로부터 가족과 부족을 지키기 위해 새벽잠을 쫓아야 했던 초기 인류의 산물이라고 분석하기도 합니다.

캐나다 토론토대학교와 미국 듀크대학교 등의 연구진으로 구성된 연구팀에서 아프리카 탄자니아와 나미비아 일대의 하자드족 성인 남녀를 대상으로 수면 상태를 모니터링했습니다. 그런데 부족의 구성원 중 50~60대가 20~30대보다 일찍 자고 일찍 깨어나는 습관을 가지고 있었다고 합니다. 연구진들은 맹수의 기습이나 천재지변 등의 위험을 많이 경험한 노인들이 젊은이들보다 빨리 대처할 수 있기 때문에 새벽에도 일찍 일어나 경계를 서는 것이라고 보았습니다. 이는 진화적 관점에서 초기 인류에게 분명히 이득이 되었을 것입니다.

새끼를 돌보는 일은 할머니의 역할이다

향유고래

세계적으로 고래는 약 100종이 알려져 있습니다. 이빨고래 중 가장 큰 종인 향유고래는 성체가 되면 몸길이 최대 20m에 몸무게는 수십 톤까지 자랍니다. 허파에 산소를 저장하는 능력이 뛰어나서 물속에서 약 한 시간 정도 견딜 수 있으며, 가장 좋아하는 대왕오징어를 잡기 위해 수심 2200m나 되는 심해까지 내려가기도 합니다.

하지만 먹잇감을 잡으러 바다 깊숙이 내려갈 때에 어미 고래는 어린 새끼를 데리고 갈 수 없습니다. 그런데 새끼 고래를 물 위에 방치하면 상어 등 천적에게 무방비 상태가 됩니다. 이때 생식연령이 지난 늙은 암컷의 역할이 필요해집니다. 새끼들과 함께 수면 주위에 머물면서 이들을 보호하는 것입니다. 고래 암컷은 생식연령이 지나도 젖을 만들어냅니다. 비록 새끼를 낳는 연령은 지났지만 다른 암컷이 낳은 새끼들을 위해 젖을 주면서 양육하고, 무리와 함께 노후를 보내도록 진화한 것입니다.

한 연구에 따르면 들쇠고래 무리의 경우 암컷이 63세까지 살지만 40세 이후에는 배란을 하지 않는다고 합니다. 이것은 암컷의 4분의 1가량이 번식에 참여하지 않은 채 무리의 구성원으로서의 위치를 유지했다는 의미입니다. 이를 두고 학자들은 늙은 암컷이 어린 새끼를 돌보거나, 먹잇감의 위치를 잘 기억하거나, 무리에 반드시 필요한 정보를 가지고 있기 때문에 꼭 필요한 존재였을 것으로 보고 있습니다.

할머니가 있어 평화가 유지된다

코끼리

장비목 코끼릿과인 코끼리는 육상에서 가장 큰 동물입니다. 주로 산림이나 사바나 초원에서 성숙한 암컷을 중심으로 한 여러 가족 단위가 결합해 30~40마리의 집단으로 살아갑니다. 또 코끼리들은 밤에는 선 채로 또는 누워서 잠들며, 감시병 코끼리가 무리를 지킵니다. 대체로 늙은 수컷은 무리를 떠나 단독으로 생활하는 경우가 많습니다.

늙은 암컷 코끼리는 무리 생활에서 중요한 역할을 합니다. 아프리카 사바나에 가뭄이 들어 무리의 구성원 모두가 갈증과 배고픔에 시달릴 때 40년 전에 찾아갔던 수원지로 무리를 이끌고 가서 모래를 파낸 후 물을 찾아줍니다. 어린 코끼리에게 어려움에 처했을 때 대처하는 방법 등을 교육시키고, 코끼리를 도살하는 인간을 본 경험을 토대로 인간이 접근하거나 무리가 인간에게 접근하는 것을 막는 역할도 합니다.

코끼리는 임신이 가능한 열 살 무렵이 되면 첫 발정광포 시기를 맞이합니다. 그러면 테스토스테론이 마구 분비되기 시작해 상대를 가리지 않고 공격합니다. 이때 연장자는 젊은 수컷과 힘겨루기를 해 사태를 진정시키고 집단의 평화를 유지합니다. 만약 밀렵으로 늙은 동물이 사라지게 되면 발정광포기의 젊은 개체가 마구 날뛰게 되면서 무리가 피해를 입거나 다른 생명체에 위협을 가하게 됩니다.

실제로 남아프리카공화국에서 젊은 수컷 코끼리들이 난동을 부려 관광객이 사망하는 사건이 있었는데, 원인을 분석해보니 코끼리 개체수 조절을 위해 늙은 코끼리를 도태시킨 데 기인한 것으로 드러났습니다. 늙은 코끼리가 없어지면서 경험을 통한 정보와 지식, 서로 소통하고 갈등을 해소하는 방법, 야생에서 살아남기 위한 기술 등이 제대로 전달되지 않았고, 그것이 결국 인간과의 관계에서도 문제를 일으키게 된 것입니다.

통계적으로 어미 코끼리가 사라지면 2세 미만의 새끼는 모두 죽고, 3~5세 사이의 코끼리는 30%만 생존하며, 6~10세 사이의 코끼리는 절반만 살아남는다는 연구 결과도 있습니다. 사람이든 동물이든 나이 든 구성원은 무리가 위기에 처했을 때 신속하게 대처할 수 있는 경험과 지식을 갖고 있으며, 젊은 구성원에 대한 교육을 통해 무리가 제 기능을 할 수 있도록 돕는 윤활유 역할을 합니다.

노후를 보장받는 대가로 보초를 선다
원숭이

원숭이는 포유류 영장목 중에서 사람을 제외한 동물을 일컫는 일반적인 호칭입니다. 몸무게가 약 80g인 애기여우원숭이부터 200kg이 넘는 고릴라까지 약 10과 50속 200여 종이 널리 분포해 있습니다.

늙은 개코원숭이 수컷은 보초를 서기도 하고 자신의 짝짓기 상대가 없어도 무리를 위해 다른 무리와 싸우기도 합니다. 랑구르원숭이 암컷은 무리가 위협을 받을 때 앞으로 달려 나가 무리를 지키는 방어행동을 합니다. 늙은 암컷은 자신이 부상을 입어도 젊은 암컷과 새끼들을 보호합니다. 그런데 우두머리 격의 젊은 암컷인 딸과 손녀는 위험한 상황이 닥쳐도 멀찍이 떨어져 늙은 암컷들이 싸우는 것을 구경하기만 합니다.

이처럼 늙은 개체들의 방어행동은 무리의 안녕은 물론 자신들의 생존에도 도움을 줍니다. 한 연구에 따르면 영장류 중에 자식이 생식연령에 도달한 이후에도 무리에 머무르는 종은 생식연령이 지난 이후에도 오래 산다고 합니다.

대체로 인간은 가임기 이후의 수명이 전체 수명의 20~40% 정도입니다. 일본원숭이는 생식연령 이후의 수명이 전체 수명의 9%에 불과하지만, 자신의 무리를 떠나지 않고 방어행동을 하는 개코원숭이는 생식연령 이후의 수명이 전체 수명의 16% 정도라고 합니다. 또한 자신의 딸이 다 자라 새끼를 낳을 때가 되면 무리를 떠나는 산고릴라는 1~3%에 불과합니다.

높은 지능을 갖고 있고 무리를 지어 생활하는 동물들은 늙은 개체의 지식과 경험을 활용해 현재의 위기를 극복하고, 무리의 안녕을 유지해나갈 수 있습니다. 자연은 변화의 속도가 빠르지 않고, 과거의 경험은 젊은 세대에게 소중한 정보가 됩니다.

하지만 오늘날의 인간 사회는 너무도 빠르게 변화하고 있습니다. 나이 든 어르신들이 경험하지 못한 것들이 너무나 많습니다. 또 어르신들은 세상이 변화하는 상황을 이해하기 어렵고, 새로 소개되는 기술이나 문화를 따라잡기가 버겁습니다. 그래서 젊은 세대는 어른 세대의 경험에 의한 정보를 인정하지 않고 무시하는 경향도 있습니다.

그러나 우리는 자연의 구성원이고, 인간의 간섭이 없다면 자연은 빠르게 변화하지 않습니다. 사람의 DNA도 짧은 기간 내에는 변하지 않습니다. 사회는 노인의 경험을 폭넓게 활용하고, 어르신들은 노후를 의미 있게 보낼 수 있도록 만드는 인류 전체의 지혜가 필요한 시기입니다.

·

내게 맞는 전략이
강자를 만든다

·

자연을 구성하는 생명체가 다양하듯 그 생명체들이 살아가는 전략도 다양합니다. 생명체들이 전략을 선택할 때 가장 먼저 고려하는 것은 부모로부터 물려받은 DNA가 규정한 생태적 특성입니다. 내가 무엇을 잘하는가, 무엇을 할 수 없는가를 알아야 전략을 세울 수 있습니다. 잡초의 전략과 고목이 될 소나무의 전략이 다르고, 고라니와 호랑이의 전략도 다릅니다. 고라니가 호랑이의 전략을 사용하면 살아남을 수 없습니다.

다음으로는 상대를 알아야 합니다. 천적이 누구이고 어떻게 공격하는지, 누구에게서 도움을 받을 수 있고 어떤 도움이 가능한지를 알아야 효과적인 전략을 세울 수 있습니다. 아프리카 초원의 치타와 몽골 초원의 늑대는 둘 다 포식자이나, 먹잇감과 경쟁상대가 다르기 때문에 서로 다른 전략을 채택합니다. 또한 환경도 중요하게 고려해야 합니다. 나를 둘러싸고 있는 환경이 유리한 것인지 불리한 것인지를 파악해야 적응할 수 있기 때문입니다. 사막에 사는 낙타와 안데스 고산지방에 사는 비쿠냐가 서로 다른 방식으로 진화를 거듭한 것도 살아가는 환경이 다르기 때문입니다.

자연이 알려주는 전략의 기본은 자신을 알고 상대를 파악하며, 환경을 이용하라는 것입니다. 생태계의 모든 생명체는 스스로 인식을 하든 안 하든 자신과 상대, 그리고 환경을 알고 그 속에서 자신이 생존할 수 있는 최적의 전략을 개발하고 실천한 존재들입니다. 그리고 효과적인 전략을 통해 자신의 보금자리를 지키고 지구 생태계의 한 축을 담당하고 있습니다.

자연은 참으로 많은 것을 인간에게 선물합니다. 입맛에 맞고 건강에 좋은 음식은 모두 자연이 만든 것입니다. 몸에 부작용을 일으키지 않는 옷도 자연에서 채취한 천연섬유로 만든 것입니다. 숨을 쉬는 공기도, 쾌적하게 살 수 있는 집도 자연 생태계가 살아 있는 곳에서 찾을 수 있습니다.

이에 더해 자연 속의 다양한 생명체들이 구사하는 전략들은 우리의 삶에도 많은 시사점을 던져줍니다. 자연이 알려주는 전략을 잘 이해하면 우리는 보다 쉽게 성공하고 보다 많이 행복해질 수 있습니다. 그래서 '자연스럽다!'라는 말이 최고의 찬사가 되는 것입니다.

인류가 지구 생태계에서 가장 강력한 존재가 된 것은 인류의 DNA와 환경을 고려해서 다른 생명체와 차별화된 전략을 개발했기 때문입니다. 직립보행을 통해 자유로워진 손으로 불을 이용하고 도구를 개발했습니다. 소통의 방법과 내용을 확대하면서 유기적 협력이 가능하도록 집단을 운영했고, 이를 통해 개체의 약점을 보완했습니다. 개체로서는 한없이 약한 인간이 만물의 영장으로 등장한 배경입니다.

산업혁명은 소통에 관한 인간의 역량을 더욱 강화시켰습니다. 그동안 자연이 베푸는 것에 의지하고, 자연이 알려주는 지혜를 터득하며, 자연의 힘에 외경심을 가지고 순응해왔던 인간이 강해진 역량을 이용해서 자연을 관리하겠다고 나선 것입니다. 자연에 생명을 불어넣었던 모래와 자갈을 채취하여 도시를 만들고 자연을 변형시켰습니다. 자연에 없던 새로운 물건과 도구를 발명하고, 사용하고, 자연에 내다 버렸습니다. 플라스틱 쓰레기가 대표적인 사례입니다. 그렇게 자연은 황폐해지고 많은 생명체들은 서식처를 잃었으며 먹잇감이 사라지고 결국 멸종의 위기에까지 내몰렸습니다. 자연스러움은 줄어들면서, 인간스러운 편리함만 늘어나고 있는 것입니다.

공짜는 없었습니다. 풍요의 뒷면에 기다리고 있던 대가는 엄청난 것이었습니다. 자연 자원은 고갈되고 산업용으로 사용되는 원료나 연료의 가격은 지속적으로 높아지고 있습니다. 인류의 발길이 닿는 곳에는 야생 동식물의 개체가 줄어들고 있습니다. 화석연료를 태울 때 배출되는 이산화탄소의 양이 늘어나면서 나타나는 지구 온난화 현상은 인류는 물론 모든 생명체의 삶의 기반을 위협하고 있습니다.

환경이 변하면 생태계를 구성하는 생명체들은 변화하는 환경에 적응하기 위한 새로운 전략을 개발해야 합니다. 변화하지 않으면 살아남을 수 없습니다. 인류도 스스로 만든 위기 상황을 헤쳐 나가기 위해 새로운 변화를 시도해야 합니다. 그것은 자연의 전략을 배우는 데서 출발해야 할 것입니다. 르네상스 시대 이탈리아의 조각가, 건축가, 화가이자 철학가로 인류사에 커다란 족적을 남긴 미켈란젤로가 설파했듯이 '자연은 위대한 스승'이기 때문입니다.

참고도서

〈인류의 진화와 행복〉

김지룡 · 갈릴레오 SNC(2012), 《사물의 민낯》, 애플북스

사이토 다카시(2009), 《세계사를 움직이는 다섯 가지 힘》, 홍성민 옮김, 뜨인돌

서은국(2014), 《행복의 기원》, 21세기북스

슈테판 클라인(2011), 《이타주의자가 지배한다》, 장혜경 옮김, 웅진지식하우스

에드워드 윌슨(2013), 《지구의 정복자》, 이한음 옮김, (주)사이언스북스

오종남(2009), 《은퇴 후 30년을 준비하라》, 삼성경제연구소

오종남(2005), 《한국인 당신의 미래》, 청림출판

유발 N. 하라리(2015), 《사피엔스》, 조현욱 옮김, 김영사

제레드 다이아몬드(1998), 《총, 균, 쇠》, 김진준 옮김, 문학사상사

제카리아 시친(2004), 《수메르, 혹은 신들의 고향 1》, 이근영 옮김, 이른아침

제카리아 시친(2004), 《수메르, 혹은 신들의 고향 2》, 이근영 옮김, 이른아침

조지 베일런트(2010), 《행복의 조건》, 이덕남 옮김, 프런티어

찰스 파스테르나크(2005), 《호모 쿠아에렌스》, 서미석 옮김, 도서출판 길

해리 덴트(2015), 《2018 인구 절벽이 온다》, 권성희 옮김, 청림출판

〈전략〉

권해상(2016), 《거꾸로 선 피라미드》, 메가북스

김위찬 · 르네 마보만(2005), 《블루오션 전략》, 강혜구 옮김, 교보문고

데이비드 요피 · 마이클 쿠수마노(2016), 《전략의 원칙》, 홍승현 옮김, 흐름출판

로렌스 C. 스미스(2012), 《2050 미래쇼크》, 장호연 옮김, 동아시아

말콤 글래드웰(2010), 《그 개는 무엇을 보았나》, 김태훈 옮김, 김영사

서광원(2014), 《살아 있는 것들은 전략이 있다》, 김영사

송병락(2015), 《전략의 신》, (주)쌤앤파커스

클라우스 슈밥(2016), 《클라우스 슈밥의 제4차 산업혁명》, 송경진 옮김, 메가스터디(주)

LG경제연구원(2016), 《빅뱅 퓨처》, 한국경제신문 한경BP

〈생태와 환경〉

댄 리스킨(2015), 《자연의 배신》, 김정은 옮김, 부키(주)

데이비드 크리스천 · 밥 베인(2013), 《빅 히스토리》, 조지형 옮김, 해나무

라가벤드라 가닥카(2001), 《동물사회의 생존전략》, 전주호 · 강동호 옮김, 푸른미디어

로베르 바르보(2009), 《격리된 낙원》, 강현주 옮김, 글로세움

앤 이니스 대그(2016), 《동물에게 배우는 노년의 삶》, 노승영 옮김, 시대의창

야스토미 카즈오(2001), 《작은 곤충의 유쾌한 생존전략》, 신병식 · 이충언 옮김, 아카데미 서적

요세프 H. 라이히홀프(2011), 《자연은 왜 이런 선택을 했을까》, 박병화 옮김, 도서출판 이랑

외르크 치틀라우(2010), 《진화에 정답이 어딨어?》, 박규호 옮김, 뜨인돌

이나가키 히데히로(2014), 《이토록 아름다운 약자들》, 오근영 옮김, 이마

이성규(2016), 《신비한 식물의 세계》, (주)대원사

이인식(2012), 《자연은 위대한 스승이다》, 김영사

정회석(2012), 《과학과 경제에서 환경을 보다》, (사)환경과 문명

정회성 · 정회석(2016), 《기후변화의 이해》, (사)환경과 문명

조홍섭(2013), 《자연에는 이야기가 있다》, 김영사

존 로이드 · 존 미친슨(2007), 《동물 상식을 뒤집는 책》, 전대호 옮김, 해나무

테일러 밀러, JR.(2006), 《생태와 환경》, 김준호 외 옮김, 라이프사이언스

무엇이 강자를 만드는가

초판 1쇄 발행 2018년 5월 2일
초판 2쇄 발행 2018년 6월 25일

지 은 이 정회석
발 행 인 김종립
발 행 처 KMAC
편 집 장 정만국
책임편집 김선정
홍보·마케팅 김석환 최주한 박예진 이동언
표지·본문디자인 이든디자인
출판등록 1990년 5월 11일 제13-345호
주   소 서울 영등포구 여의공원로 101, 8층
문의전화 02-3786-0182 **팩스** 02-3786-0107
홈페이지 www.kmac.co.kr

©KMAC, 2018
ISBN 978-89-93354-96-6 03300

값 14,800원

이 도서의 국립중앙도서관 출판예정도서목록(CIP)은 서지정보유통지원시스템 홈페이지(http://seoji.nl.go.kr)와
국가자료공동목록시스템(http://www.nl.go.kr/kolisnet)에서 이용하실 수 있습니다.(CIP제어번호: CIP2018012115)